Wolfram Eberhardt
33 Fragen – 33 Antworten

NAHOST
KONFLIKT

W0039782

PIPER

Zu diesem Buch

Hilfe, nicht schon wieder der Nahe Osten!, denkt sich sicherlich manch einer, wenn er neue Horrormeldungen aus dieser Region hört, zumal dort nun auch noch ein Waffengang der USA mit dem Iran droht. Wer versteht schon, warum sich Israelis und Palästinenser seit Jahrzehnten bekriegen? Warum Sunniten und Schiiten übereinander herfallen? Wie der radikale Islam entstand und wie er zu besiegen ist? Der langjährige Auslandsjournalist Wolfram Eberhardt beantwortet kenntnisreich und kompetent 33 Fragen zum Nahen Osten, die Sie sich sicherlich auch schon gestellt haben.

Wolfram Eberhardt, Jahrgang 1964, arbeitet seit mehr als 30 Jahren als Journalist. Für das Nachrichtenmagazin *Focus* hat er 15 Jahre über den Nahen Osten berichtet. Gespräche mit hochrangigen Politikern wir Jassir Arafat oder Benjamin Netanjahu, radikalen Islamisten sowie friedliebenden Muslimen haben ihn gelehrt: Im Nahen Osten sind die Gräben tief. Ohne Dialog obsiegt die Gewalt.

Wolfram Eberhardt

33 Fragen – 33 Antworten

NAHOST KONFLIKT

PIPER

Mehr über unsere Autoren und Bücher:
www.piper.de

Von der Reihe 33 Fragen – 33 Antworten liegen im Piper Verlag vor:
Chinas neue Macht
Klimawandel
Künstliche Intelligenz
Nahostkonflikt

MIX
Papier aus verantwor-
tungsvollen Quellen
FSC® C083411

Originalausgabe
ISBN 978-3-492-31589-0
April 2020
© Piper Verlag GmbH, München 2020
Umschlaggestaltung: Büro Jorge Schmidt, München
Satz: Uhl & Massopust, Aalen
Gesetzt aus der Quadraat
Druck und Bindung: CPI Books GmbH, Leck
Printed in the EU

Inhalt

Einleitung

Lange Zeit war der Nahe Osten für uns eher fern. Was in dieser Weltgegend geschah, war für die meisten Europäer, um ehrlich zu sein, zweitrangig. Mit ungläubigem Kopfschütteln gedachte man kurz den Irrungen und Wirrungen in der Region, um sich gleich darauf »Wichtigerem« zuzuwenden.

Allerdings hat sich das Bild grundlegend gewandelt, seit die Flüchtlingsströme aus dem Nahen Osten auch bei uns landen. Plötzlich ist von Bedeutung, wie und ob die Bürgerkriege in Syrien oder Libyen enden, ob Saudi-Arabien den radikalen Islam exportiert oder der Iran tatsächlich an einer Atombombe bastelt und möglicherweise in einen bewaffneten Konflikt mit den USA oder Israel schlittert. Ob die Dschihadisten des IS und von al-Qaida besiegt sind oder ob sie erneut ganze Staaten terrorisieren können und so neue Flüchtlingswellen von ungeahntem Ausmaß auslösen.

Der Nahostkonflikt, der lange nur als Konflikt zwischen Israelis und Palästinensern verstanden wurde, umfasst in Wahrheit den ganzen Nahen Osten. Die Gesellschaften der Region weisen verschiedene ethnische, religiöse, soziale oder politische Gräben auf, an deren Rändern es immer wieder zu Gewaltausbrüchen kommen kann. Hinzu kommen äußere Kräfte, die militärisch oder politisch eingreifen, um ihre eigenen Interessen zu wahren. Nicht selten heizen sie, wie im syrischen Bürgerkrieg, die Konflikte noch zusätzlich an. Was wiederum Auswirkungen auch auf Deutschland und Europa hat.

All diese Aspekte sollen mit den folgenden 33 Fragen und Antworten auch für Nahost-Laien beleuchtet werden.

Bei der Auswahl und der Beantwortung der Fragen stand mir stets mein Freund Ridha Kidir, der als irakischer Flüchtling nach Deutschland kam, hilfreich zur Seite. Obwohl ich selbst als Journalist jahrzehntelang die arabische Welt bereist habe, verschaffte er mir immer wieder unschätzbare, überraschende Einblicke. Ebenso hat mein Freund Pinhas Inbari, ein sehr erfahrener Nahost-Korrespondent, der in Israel lebt, die Antworten maßgeblich beeinflusst. Und nicht zuletzt meine liebe Frau Kerstin, die unermüdlich Korrektur gelesen hat. Ihnen allen gilt mein größter Dank.

Die Bezeichnung Naher Osten erschließt sich kaum ohne die Frage: östlich wovon? So verstehen Chinesen selbstverständlich etwas ganz anderes unter dem »nahen« Osten als beispielsweise US-Amerikaner. Der Nahe Osten, wie wir Europäer ihn kennen, spiegelt die Sichtweise der westeuropäischen Kolonialmächte im ausgehenden 19. Jahrhundert und zu Beginn des 20. Jahrhunderts wider. Der östliche Mittelmeerraum war ihnen nah, China und Japan dagegen lagen in »Fernost«.

Der Nahe Osten wird aber auch »Middle East«, also »Mittlerer Osten«, genannt. Verständlich, wenn man bedenkt, dass sich das Kolonialreich des Vereinigten Königreichs von Großbritannien und Nordirland einst auf Indien stützte. Alles, was zwischen dem Mittelmeer und Indien lag, wurde daher als Mittlerer Osten empfunden. Eine Perspektive, die sich seltsamerweise auch die Araber des Nahen Ostens zu eigen gemacht haben, nennen sie ihre Heimatregion doch bis heute »Asharq al-Awsat« – Mittlerer Osten.

Heute besteht aus Sicht der Europäer Einigkeit darin, dass Israel, der Libanon, Syrien, Irak, Saudi-Arabien, Oman, Jemen, die Vereinigten Arabischen Emirate, Katar, Bahrain, Kuwait, Ägypten und Iran zum Nahen Osten zählen. Mitunter werden aber auch Libyen und die nordafrikanischen Staaten Algerien und Marokko hinzugezählt, manchmal sogar die Türkei. In diesem Buch wird der Begriff Naher Osten auf die Staaten Nordafrikas ausgeweitet, da sie eindeutig zum arabisch-islamischen Kulturkreis gehören und sich die Problemlagen ähneln.

Der Nahe Osten ist weit mehr als ein geografischer Raum. Mesopotamien (der heutige Irak und das nordöstliche Syrien) gilt als Wiege der Zivilisation. Hier vollzog der Mensch seine Wandlung vom Jäger und Sammler hin zum sesshaften Ackerbauern und Viehzüchter. Bewässerungstechniken wurden entwickelt, Tauschhandel und Handwerk vorangetrieben, Tempel errichtet. Im Nahen Osten entstanden die drei großen monotheistischen Weltreligionen Judentum, Christentum und Islam. Die wichtigsten fossilen Energieträger lagern hier, zwei Drittel der weltweiten Erdölreserven und knapp 44 Prozent der Erdgasreserven.

Fazit: Der Begriff des Nahen Ostens bleibt unscharf. Es gibt jedoch gute Gründe, auch die nordafrikanischen arabischen Staaten aufgrund ihrer Kulturgeschichte zum Nahen Osten hinzuzuzählen, selbst wenn die geografische Lage dem eigentlich widerspricht.

Warum denkt fast jeder beim Wort »Nahost« unweigerlich an Konflikte?

Sicherlich kennen Sie aus den Nachrichten Schlagzeilen wie diese: »Israelis und Palästinenser endlich zum Frieden bereit« – »In Syrien endet mit den ersten freien demokratischen Wahlen der Bürgerkrieg« – »al-Qaida und IS distanzieren sich vom bewaffneten Kampf gegen den Westen« – »Der Iran söhnt sich mit den USA aus« …

Nein? Derartige Schlagzeilen haben Sie nie gehört oder gelesen? Kein Wunder, es handelt sich um Nachrichten, auf die wir schon seit Jahrzehnten vergeblich warten. Stattdessen sind die News aus der arabisch-muslimischen Welt des Nahen Ostens ganz anderer Natur: Terroranschläge von Dschihadisten im Irak, in Syrien oder Ägypten prägen das Bild. Oder Bürgerkriege, die im Jemen, in Libyen und Syrien toben. Oder Raketenangriffe der Hamas auf Israel, israelische Vergeltungsschläge im Gazastreifen. Oder arabische Diktatoren und Militärherrscher, die seit eh und je jegliche Opposition und Meinungsfreiheit mit Gewalt unterdrücken und die Demokratie höchstens als Mittel zum Machterhalt missbrauchen.

Wer bei Google die Worte »Terror Attack« und »Middle East« (für uns der Nahe Osten) eingibt, bekommt ca. 80 Millionen Treffer, die gleiche Wortkombination mit »Europe« ergibt nur ca. 50 Millionen Treffer. Zu Recht werden Sie einwenden, dass so eine Suchmaschinenzahl nicht viel aussagt. Nur dass die Zahlen der UN nichts Besseres verheißen. Der Arab Human Development Report 2016 listet die Zahl der

Anschläge sowie der Toten in der arabischen Welt auf – hinzugezählt wurden hier zum klassischen Nahen Osten Länder wie Sudan, Somalia, Algerien, Marokko. Der Iran wurde nicht erfasst. Allein zwischen 2000 und 2014 ereigneten sich in dieser Region 36 Prozent (ca. 26.000) aller weltweit verzeichneten Terrorakte, und das, obwohl gerade einmal 5 Prozent der Weltbevölkerung hier leben. Schlimmer noch: 43 Prozent aller zu beklagenden Terrortoten auf der Welt kamen in diesem Zeitraum in der arabischen Welt ums Leben. 41 Prozent aller weltweit Vertriebenen stammten 2014 aus dieser Region. Wir denken also nicht zu Unrecht beim Wort Nahost an Unterdrückung, Unruhen, Krisen, Konflikte und Tote.

Die Konfliktlage hat sich vor allem seit Gründung des jüdischen Staates Israel im Jahr 1948 deutlich verschärft. Nicht nur die Palästinenser revoltierten, auch die umliegenden arabischen Staaten wollten die Neugründung im arabisch-muslimischen Kernland schnellstens militärisch beseitigen.

Ein Fehlschlag! Israel besetzte weite Teile des Gebiets, das eigentlich von der UN für einen zukünftigen Palästinenserstaat vorgesehen war. Israel besiegte 1967 im Sechstagekrieg wieder die arabischen Nachbarn, besetzte nun auch noch den ägyptischen Sinai, das Westjordanland, die Altstadt des heiligen Jerusalem, den Südlibanon sowie die Golanhöhen. 1973 gelang es den Arabern im Yom-Kippur-Krieg zunächst, den Spieß umzudrehen. Um eine drohende Niederlage abzuwenden, forderte Israels Verteidigungsminister Mosche Dajan sogar den Einsatz von Nuklearwaffen, wie sein damaliger Sprecher später bestätigte. Die Welt schrammte nur um Haaresbreite an einem Atomkrieg vorbei.

Da Israel offenbar auf offenem Feld nicht zu besiegen war, versuchten die Palästinensische Befreiungsfront PLO und radikal-islamische Gruppen wie die palästinensische Hamas (auf Deutsch »Eifer«) oder die libanesische Hisbollah (»Partei Gottes«) in den nächsten Jahrzehnten, den jüdischen Staat mit Terror zu zermürben. Selbstmordattentäter vernichteten in den Neunzigerjahren jegliche Friedenshoffnung. Die Hamas feuert bis heute aus dem Gazastreifen immer wieder Raketen auf Israel ab, die israelische Luftwaffe antwortet zur Abschreckung oft mit übertriebener Härte. Allein zwischen 2008 und 2019 kostete der Konflikt 5500 Palästinensern und 236 Israelis das Leben, wie die UN-Organisation für die Koordinierung humanitärer Angelegenheiten (OCHA) ermittelte.

Aber nicht alle Kriege und Krisen der Region sind Israel anzulasten. Kurz nach der islamischen Revolution im Iran kam es 1980 zum ersten Golfkrieg zwischen dem irakischen Diktator Saddam Hussein und der iranischen Regierung unter Ajatollah Khomeini. Beide Seiten kämpften um Grenzen, Öl und die Vormachtstellung in der Region. Der Abnutzungskrieg, bei dem der Irak sogar Giftgas einsetzte, endete erst acht Jahre später, nachdem ca. 1,25 Millionen Menschen ihr Leben gelassen hatten. Der materielle Schaden wird allein für den Irak auf 150 Milliarden Dollar geschätzt.

Der Zweite Golfkrieg folgte 1991, nachdem irakische Truppen Kuwait überfallen hatten. Eine Anti-Irak-Koalition unter der Führung der USA startete 1991 die »Operation Desert Storm«. Saddam Hussein feuerte zur Vergeltung Scud-Raketen auf Israel ab. Israels Bevölkerung bereitete sich auf einen Giftgasangriff vor. 2003 dann der Dritte Golfkrieg: US-Truppen – unterstützt durch eine »Koalition der Willigen« – griffen den Irak an, wollten Massenvernichtungswaffen zerstören, die sie nie fanden.

Aber auch Bürgerkriege erschüttern die Region immer wieder aufs Neue. Der libanesische dauerte fast 15 Jahre von 1975 bis 1989. Bei den Konflikten zwischen verschiedenen ethnischen, politischen und religiösen Gruppierungen starben 90.000 Menschen, 800.000 flohen ins Ausland. Der Arabische Frühling, bei dem sich Araber gegen ihre despotischen Regime erhoben, führte in Syrien, Libyen und im Jemen zu blutigen Bürgerkriegen, die Hunderttausende Araber das Leben kosteten und Millionen zu Vertriebenen machten. Die innerstaatlichen Konflikte zeigten dabei Züge von Religionskriegen, schiitische und sunnitische sowie säkulare und radikal-islamische Kämpfer nahmen sich gegenseitig unter Beschuss.

Fazit: Der Nahe Osten ist tatsächlich eine gefährliche Weltgegend. Denn hier wird immer wieder entweder um Land, Öl oder die religiöse Vorherrschaft gekämpft. Oft droht die Gefahr, dass sich Konflikte wie ein Flächenbrand in der Region ausbreiten.

Sind die Kolonialmächte schuld an den Konflikten im Nahen Osten?

Die Antwort muss klar lauten: Ja, sie tragen eine Teilschuld, aber sicherlich nicht die ganze. Schon während des Ersten Weltkriegs planten die Alliierten eine Aufteilung des Osmanischen Reiches. Sie wollten den Nahen Osten ganz nach ihren Vorstellungen umgestalten. Sir Henry McMahon, der britische Hochkommissar von Ägypten, machte zwar zunächst in einem Briefwechsel (1915–1916) dem Scherifen von Mekka Hussein ibn Ali Hoffnung, dass die Araber nach Kriegsende einen unabhängigen arabischen Staat von Palästina bis zum Persischen Golf bekommen könnten. Doch die Balfour-Deklaration, in der die Briten bereits 1917 den Juden Hoffnung auf eine »nationale Heimstätte in Palästina« machen, läuft dem völlig zuwider.

Ebenso das Sykes-Picot-Abkommen. Am 16. Mai 1916 unterzeichneten Sir Mark Sykes, der im Kriegsamt der britischen Regierung tätig war, und der französische Generalkonsul von Beirut François Georges-Picot ein Geheimabkommen, von dem die Araber bis zum Kriegsende nichts erfuhren. Die beiden Diplomaten teilten mit dem Lineal den Nahen Osten nach den Interessen der damaligen Großmächte auf: in eine südliche Sphäre, die unter britischem Einfluss stehen, und eine nördliche, in der Frankreich die Geschicke bestimmen sollte. Vom arabischen Großreich war längst keine Rede mehr.

Nach dem Untergang des Osmanischen Reichs erhielt Frankreich ein Völkerbundmandat für das Gebiet, in dem heute Syrien und der Libanon liegen. Den Briten wurde der Irak, Jordanien und Palästina zugesprochen. Um den geprellten Scherifen von Mekka zu besänftigen, ernannten die Briten seinen Sohn Faisal 1921 zum König des Irak – jedoch musste er eine »Schutzherrschaft« der Briten akzeptieren. Eine Taktik, deren sich die Kolonialmächte immer wieder bedienten. Wurde der Widerstand der Araber in den Mandatsgebieten zu groß, installierten sie dort heimische Marionettenregime.

Aus den Mandatsgebieten der Kolonialmächte und den Trümmern des Osmanischen Reichs erwuchsen die heutigen Staaten des Nahen Ostens. Arabische Interessen spielten bei der Grenzziehung allerdings kaum eine Rolle, ethnische und religiöse Zugehörigkeiten wurden schlichtweg ignoriert. Mit fatalen Folgen. Es bildeten sich heterogene Staaten mit einem schwachen Nationengefühl. Allein der Kampf gegen die Kolonialherren schien die Grundlage dieses Gefühls zu sein. Nur, reicht »Antiimperialismus«, um die Identität der jungen Nationen auf Dauer zu festigen? Bis heute wird zwar in den arabischen Ländern immer wieder mit markigen Worten der Nationalstolz beschworen, doch steht er auf tönernen Füßen. Als gemeinsamer Nenner der Nation bleibt häufig nur der starke Führer, der einem Vater gleich die zerstrittenen Kinder an einen Tisch zwingt.

Als es während des Arabischen Frühlings zu Aufständen kam, zeigte sich schnell, dass besonders diejenigen Staaten stabil blieben, die so etwas wie eine vorkoloniale Identität besaßen. Alle Ägypter sind stolz auf ihr pharaonisches Erbe, viele Iraner definieren sich über die Gräben hinweg auch als Perser, Tunesier wissen, dass sie einst einer antiken Hochkultur angehörten. In Libyen, Syrien oder im Irak, wo das historisch verwurzelte Wirgefühl fehlt, stellten die Aufständischen nicht nur die Herrschaft infrage, sondern gleich die ganze Nation und ihre Landesgrenzen. So würden die Kurden des

Iraks, Syriens oder der Türkei nur zu gerne ihre Nationalität abgeben, um einen eigenen Staat zu gründen. Und die Dschihadisten des IS träumen nicht von einem Syrien unter ihrer Herrschaft, sondern von einem islamischen Großreich, als Gegenmodell zu den säkularen Nationalstaaten, die die Kolonialherren auf dem Reißbrett entworfen hatten.

Besonders radikale Muslime sind noch immer beseelt vom Gedanken, Muslime über die Ländergrenzen hinweg zu einen. Im Gegensatz zu den säkularen Nationalisten können sie auf den identitätsstiftenden Islam für ihren panislamischen Traum zurückgreifen. Denn der Islam propagiert das jahrtausendealte Konzept der Umma, demzufolge eigentlich alle Muslime weltweit eine Nation bilden. Als IS-Kämpfer die Grenze zwischen Syrien und dem Irak überquerten, stellten sie sofort ein Propagandavideo mit dem Titel »Das Ende von Sykes-Picot« ins Netz. Die klare Botschaft: Die kolonialen Grenzen haben ausgedient, wir sind eine Nation.

Aber auch säkulare Potentaten wie Saddam Hussein machten klar, dass für sie die Grenzen der Region kaum etwas bedeuten. Als der Diktator 1990 in Kuwait einmarschierte, um sich Ölquellen einzuverleiben, berief er sich darauf, dass Kuwait zur Zeit der Osmanen zum Verwaltungsgebiet Basra gehörte. Bagdad hätte die Lostrennung Kuwaits, die auf britischen »Machenschaften« beruhe, nie anerkannt.

Sind die künstlichen Grenzen aus Kolonialzeiten also tatsächlich der Grund für die endlosen Konflikte in der Region? Nein, das wäre zu kurz gegriffen. Natürlich erregen sich die Araber bis heute zu Recht über die Eingriffe der Kolonialherren. Ethnische Zugehörigkeiten wurden missachtet, Stämme voneinander getrennt, Sunniten und Schiiten in Staaten miteinander vereint, was ein Zusammenleben sicherlich nicht erleichtert. Aber muss deswegen gleich Krieg oder Terror herrschen? Die Geschichte kennt viele heterogene Staaten, in denen ein friedliches Miteinander möglich ist. Auch in Deutschland sind sich Norddeutsche und Bayern nicht immer grün, aber sich deswegen voneinander trennen oder gleich bekriegen? Auch neue Grenzziehungen würden den Nahen Osten nicht friedlicher machen, denn ethnisch oder konfessionell reine Staaten wird es nicht geben. Und sollte es auch nicht. Die arabische Mitte sollte stattdessen darauf drängen, dass es zum Dialog innerhalb der polarisierten heterogenen Gesellschaften kommt, um gewalttätige Konflikte und den Zerfall der arabischen Staaten zu verhindern.

Fazit: Die Kolonialmächte trugen eindeutig dazu bei, dass im Nahen Osten schwache Nationalstaaten entstanden. Doch die arabischen Nationen sind selbst dafür verantwortlich, dass ein friedliches Miteinander zwischen den Konfessionen und Ethnien offensichtlich bislang nicht gelingt.

Für Edward Said (1935–2003), den berühmten palästinensischen Literaturwissenschaftler, war der Begriff Orient ein Graus. Er diene letztendlich nur den Wissenschaftlern des Westens, den Okzident im Vergleich zum fremden Orient aufzuwerten. Aber haben unsere Vorfahren den Begriff Orient tatsächlich nur erfunden, um eine ganze Region abzuwerten, um den Orient in einer kindlichen Märchenwelt à la *Tausendundeine Nacht* anzusiedeln?

Der Orient, aus dem lateinischen »(sol) oriens« abgeleitet, ist das Land der aufgehenden Sonne, das daher vielfach auch Morgenland genannt wird. Es handelt sich um einen eher vagen Begriff mit verschwommenen Grenzen, denn je nach Jahrhundert und Weltenzentrum konnte sich der Orient verschieben.

Doch während man mit dem Nahen Osten eher Probleme assoziiert, verbinden sich mit dem Wort Orient bis heute Mystik, Exotik und unergründliche Weisheiten. Das Morgenland steht im Gegensatz zum Abendland für das unentdeckte andere. Maler und Reisende haben es häufig überhöht dargestellt. Immer wieder meinten sie Dinge zu entdecken, die sie in ihrer Welt vermissten.

Schon der Siegeszug der weltberühmten Erzählung *Tausendundeine Nacht* (arabisch »Alf laila wa-laila«) in Europa zeigt, wie überschwänglich der Okzident auf den Orient reagierte. Der französische Orientalist Antoine Galland (1646–1715) übersetzte zunächst mehrere Bände einer syrischen Handschrift aus dem 15. Jahrhundert und veröffentlichte sie 1704. Die Leser waren begeistert, er musste mehr liefern. Im syrischen Manuskript gab es nur 282 Nächte, in denen die Erzählerin mit außergewöhnlicher Erzählkunst um ihr Leben fabulierte, es war Galland, der es auf besagte 1001 Nächte erweiterte. 14 Märchen soll der maronitische Christ Hanna Diyab, der ursprünglich aus Aleppo stammte, auf Französisch beigesteuert haben, darunter auch »Ali Baba und die 40 Räuber« und »Aladin und die Wunderlampe«.

Besonders während der Epoche der Romantik mutierte der Orient zu einem Ort der Sehnsüchte und Glückseligkeit. Entzückt schrieb der deutsche Schriftsteller Friedrich Schlegel (1772–1829): »Im Orient müssen wir das höchst Romantische suchen.« Der französische Maler Eugène Delacroix schwärmte, die Motive in Marokko könnten gut und gerne »zwanzig Malergenerationen« Glück und Ruhm bringen. Andere Künstler erlagen der erdachten und tatsächlichen Sinnlichkeit des Orients. Harems und Bauchtänzerinnen ließen sie nicht mehr los.

Der deutsche Schriftsteller Karl May (1842–1912) trieb die Verklärung des Orients auf die Spitze. Er schrieb Abenteuerromane wie *Von Bagdad nach Stambul* oder *Durchs wilde Kurdistan*, die die Massen begeistern. Nur dass der populäre Schriftsteller, der vorgab, selbst die Hauptfigur Kara Ben Nemsi zu sein, sich den Orient in seiner Schreibstube erdichtet hatte und erst Jahre später dorthin reiste.

Also ist der sagenhafte Orient tatsächlich nur eine Erfindung des Westens, wie Edward Said vorgab, eine trügerische Illusion? Reisen Jahr für Jahr Touristen aus Deutschland oder Frankreich nach Ägypten oder Israel, um sich einem Wahn hinzugeben? Wer einmal den berühmten, uralten Basar Khan el-Khalili in Kairo durchwandert hat, weiß, dass es hier tatsächlich faszinierend anderes zu erleben gibt: Gerüche, Farben, Laute, die unsere Sinne aufs Äußerste erregen. Der Markt aus dem 14. Jahrhundert ist ein Mikrokosmos, der das Tor zu einer anderen Kultur öffnet. Poetische Stille, Farbenchaos, dunkle Ecken, Labyrinthe, erhabene islamische Bauwerke, windschiefe Häuser – hier ist erspürbar, wie sich die arabische Gesellschaft über die Jahrhunderte entwickelt hat, was die Araber bewegt, was sie konsumieren, worüber sie reden. Beim Feilschen um Waren, das viele Europäer erschreckt, treten die Fantasie, die Schauspielkunst und auch der Humor der Händler zutage. »Wie viel ist zwei plus zwei?«, beginnt ein arabischer Witz. Die Antwort: »Kommt darauf an! Kaufst du, oder verkaufst du?«

Auch die Wüsten des Nahen Ostens verzaubern Reisende. Egal ob die Weiße Wüste in Ägypten mit ihren schneeweißen Kalksteinformationen, die an Tiere erinnern, oder die Felswüste des Sinai, wo Moses die Zehn Gebote empfangen haben soll, oder die vom Wind »gekämmten« Sanddünen der Rub al-Khali (»Leeres Viertel«) im Süden Saudi-Arabiens – hier wird die Magie des Orients greifbar. Ein grenzenloser Sternenhimmel fernab jeder Zivilisation bringt einem des Nachts das Universum näher. Der berühmte Schriftsteller Antoine de Saint-Exupéry (1900–1944), der selbst mit seinem Flugzeug in der libyschen Wüste notlanden musste, lässt den kleinen Prinzen schwärmen: »Ich habe die Wüste immer geliebt. Man sitzt auf einer Sanddüne. Man sieht nichts. Man hört nichts. Doch etwas leuchtet in der Stille.«

Wer selbst ein wenig Arabisch spricht, kann jeden Morgen schon bei der Begrüßung den Orient erspüren. Dann grüßen Araber gern mit »Sabah al-Chair« (Morgen der Güte), worauf ein blumiges »Sabah al-Nur« (Morgen des Lichts) folgt, auf das wiederum ein »Sabah al-Asl« (Morgen des Honigs) oder ein »Sabah al-Jasmin« (Morgen der Jasmin-Blüte) folgen könnte. Kein Wunder, dass sich mancher Deutsche, der nur ein schlichtes »Moin« gewohnt ist, da zum Träumen hin-reißen lässt.

Fazit: Natürlich ist der Zauber des Orients zum Teil unserer Fantasie geschuldet, aber es gibt ihn tatsächlich. Ihn zu negieren hieße, den Nahen Osten nur auf Konflikte und Terror zu reduzieren. Das wäre eindeutig zu wenig.

Der gewaltsame Konflikt zwischen Israelis und Palästinensern – heute schlicht »Nahostkonflikt« genannt – schwärt nun seit mehr als 70 Jahren. Nur wenige Stunden nach der Ausrufung des jüdischen Staates im Jahr 1948 brach im Nahen Osten der erste arabisch-israelische Krieg aus. Irak, Ägypten, Syrien, Libanon und Transjordanien (heute Jordanien) versuchten, den Zionismus militärisch zu beseitigen. Kam die Gewalteruption wirklich so überraschend, oder war sie vorhersehbar?

Es ist nicht gesichert, aber möglicherweise hat schon im 19. Jahrhundert der schottische presbyterianische Geistliche Alexander Keith (1792–1880) den verhängnisvollen Satz »Ein Land ohne Volk für ein Volk ohne Land« in die Welt gesetzt. Er wollte offenbar Juden aus aller Herren Länder dazu ermutigen, wieder ins Gelobte Land (»Eretz Israel«) zurückzukehren, damit sich die Prophezeiung erfülle. Dabei ignorierte er allerdings ein äußerst wichtiges Detail: Auf dem angeblich »unbevölkerten« Land, das bis dahin noch nicht Palästina hieß, lebten bereits Araber, die sich erst später Palästinenser nennen sollten. Die Juden, die ins Heilige Land zurückkehren wollten, hatten es also mit Vormietern zu tun, die ebenfalls auf ihr Recht pochten und unbedingt Herr im Haus bleiben wollten.

Bereits nach der Zerstörung des zweiten jüdischen Tempels in Jerusalem durch die Römer im Jahr 70 n. Chr. war die jüdische Bevölkerung in die Diaspora geflohen. Bis heute berufen sich fromme Juden auf das Alte Testament, das ihnen die Rückkehr verheißt. »Wenn ich dich je vergäße, Jerusalem, dann soll mir die rechte Hand verdorren«, schwören in Psalm 137 die Juden im babylonischen Exil. Zwar lebten nach der Vertreibung in den folgenden Jahrhunderten auch in Palästina immer noch Juden, doch ihre Zahl war kaum nennenswert. Waren es Mitte des 19. Jahrhunderts gerade einmal 10.000, stieg die Zahl auf etwa 25.000 im Jahr 1880, die unter 500.000 Arabern in Palästina lebten.

Der Wunsch einer Rückkehr nach Zion – der gleichnamige Berg in Jerusalem steht für das Land Israel – gebar den Zionismus. Je stärker gegen Ende des 19. Jahrhunderts der Antisemitismus in Europa seine hässliche Fratze zeigte, desto eindringlicher pochten die Zionisten auf eine neue Heimstätte. Pogrome in Russland zwischen 1881 und 1884 führten zur ersten jüdischen Immigrationswelle (»Alija«, hebräisch für Aufstieg), die bis zu 30.000 hauptsächlich russische und polnische Immigranten nach Palästina spülte.

1896 forderte der Wiener Journalist Theodor Herzl im Büchlein Der Judenstaat offen einen eigenen Staat für die drangsalierten Juden, Palästina nannte er allerdings nur als eine von mehreren Optionen. 1917 rückte der eigene Staat erstmals in greifbare Nähe, denn kurz vor dem Ende des Ersten Weltkriegs stellte der britische Außenminister Lord Arthur Balfour in einer Deklaration den Zionisten »eine nationale Heimstätte für das jüdische Volk in Palästina« in Aussicht. »Die Regierung Seiner Majestät wird ihr Bestes tun, die Erreichung dieses Ziels zu erleichtern«, versprach er. Eher beiläufig erwähnte er dabei die Rechte der Ureinwohner – der Araber.

Die zweite und dritte Einwanderungswelle brachten bis 1923 noch einmal 75.000 Juden nach Palästina. Zwischen 1929 und 1939 flohen 250.000 deutsche und osteuropäische Juden vor dem Terror der Nationalsozialisten ins Gelobte

Land. Dort wehrten sich die Araber zusehends gegen die Ankömmlinge. Immer wieder kam es zu gewalttätigen Aufständen, etwa in Jerusalem, Jaffa oder auch in Hebron.

Nach dem Zweiten Weltkrieg sahen sich die Briten, die selbst von den jüdischen Einwanderern angegriffen worden waren, außerstande, den Konflikt im Mandatsgebiet Palästina zu schlichten. Die Vollversammlung der neu gegründeten UNO stimmte daher 1947 für die Teilung Palästinas in einen jüdischen und einen arabischen Staat.

Alle arabischen Staaten votierten gegen den UN-Plan, der den 1,3 Millionen Arabern nur etwa 43 Prozent Palästinas zusprach, den 600.000 Juden dagegen gut 56 Prozent des Territoriums. Für die Araber war der Plan eine offensichtliche Demütigung. Sollte plötzlich über die Hälfte ihres Hauses Fremden gehören? In der jüdischen Bevölkerung war die Stimmungslage eine gänzlich andere. Verständlich, denn für sie war der erste jüdische Nationalstaat – egal in welcher Größe – ein Sieg, den es zu feiern galt.

Für die arabische Seite sollte eine weitere Demütigung folgen, als der Versuch, den gerade erst gegründeten jüdischen Staat 1948 militärisch zu beseitigen, überraschend scheiterte. Rund 750.000 Palästinenser flohen nach der Niederlage oder wurden von den Israelis aus ihren Häusern vertrieben. Die Geflohenen und ihre Nachkommen – Millionen von Palästinensern – warten bis heute vergeblich auf die Rückkehr in ihr Heimatland.

Die Geschehnisse bis 1948 werden bis zum heutigen Tag von Palästinensern und Israelis grundverschieden gedeutet. Auf palästinensischer Seite wird der Landverlust durch die jüdischen Einwanderer sowie die Vertreibung der Urbevölkerung nach dem ersten israelisch-arabischen Krieg schlicht »Nakba« (Katastrophe, Unglück) genannt. Gemäßigte Palästinenser fordern heute ihren eigenen Staat zumindest in den

Grenzen von vor 1967, radikal-islamische Palästinenser aber noch immer die Auslöschung des ganzen jüdischen Staates.

Israel feiert dagegen den Krieg von 1948 als »Unabhängigkeitskrieg«. Die Bibel sowie die jahrtausendelange Anwesenheit von Juden in der Region wird zur Legitimierung des Staates Israel angeführt, ebenso der Holocaust und das damit einhergehende Leid. Die Landnahme wird auch immer wieder damit begründet, dass die Araber ihre Chance auf den eigenen Staat vertan hätten, indem sie den UN-Teilungsplan ablehnten und zudem einen Angriffskrieg gegen Israel führten. Ein Verständnis für das erlittene Leid der Palästinenser ist kaum vorhanden.

Fazit: Da sowohl Israelis als auch Palästinenser bis zum heutigen Tag nicht das Leid anerkennen, das die jeweils andere Seite vor der Staatsgründung Israels 1948 erfuhr – die Juden den Holocaust und die Palästinenser die Vertreibung –, bleibt der Weg zur Aussöhnung ein weiter.

6

Findet der israelisch-palästinensische Konflikt denn nie ein Ende?

Wie enden eigentlich Kriege? Forscher der Universität Hamburg haben für den Zeitraum von 1945 bis 2007 das Ende von 238 innerstaatlichen und internationalen Kriegen untersucht. Nur in einem Fünftel der Fälle führte der Sieg des Aggressors zum Kriegsende. Besonders erfolgreich erwies sich dagegen die Vermittlung durch Dritte: In einem Drittel aller kriegerischen Konflikte wurde so der Krieg beendet. Oft waren die Vermittlungen der UNO erfolgreich.

Was den israelisch-palästinensischen Konflikt betrifft, kann auch hier davon ausgegangen werden, dass ohne Vermittler ein Ende nicht in Sicht ist, denn ein militärischer Sieg der einen Seite über die andere scheint ausgeschlossen. Auch wenn es beinahe in Vergessenheit geraten ist, gab es auch im Nahen Osten immer wieder vielversprechende Friedensinitiativen. Unter der Leitung des US-Präsidenten Carter unterzeichneten Israels Ministerpräsident Begin und der ägyptische Präsident As-Sadat 1978 das erste Camp-David-Abkommen. Die Palästinenser sollten einen fünfjährigen Autonomiestatus im besetzten Gazastreifen und Westjordanland erhalten. Zwar wurde dieses Vorhaben so nie umgesetzt, aber Israel erwähnte zum ersten Mal die »legitimen Rechte des palästinensischen Volkes«.

Der zweite Teil des Abkommens führte dann zum ersten Frieden eines arabischen Nachbarlandes mit Israel. Nachdem Ägypten den Friedensvertrag 1979 in Washington unterzeichnet hatte, zog sich Israel bis 1982 vom besetzten Sinai zurück.

Auch wenn der ägyptische Frieden mit dem jüdischen Nachbarn ein kalter blieb, so zeigte er doch, dass Aussöhnung möglich ist. Bis zu direkten Friedensverhandlungen zwischen Israelis und Palästinensern sollten jedoch noch mehr als zehn Jahre vergehen. Zunächst machte die Erste Intifada, der Aufstand der Palästinenser, alle Hoffnungen auf Frieden zunichte. Der damalige Verteidigungsminister Jitzchak Rabin drohte den jugendlichen Steinewerfern unverhohlen: »Wir werden ihnen die Knochen brechen.« Jahre später war derselbe Hardliner bereit, mit Palästinenserführer Jassir Arafat 1993 die Osloer Prinzipienerklärung (später »Oslo I« genannt) in Washington zu unterzeichnen, die den Palästinensern eine Selbstverwaltung im Gazastreifen und in Jericho ermöglichte. Auch Arafat, ein Führer, der es gewohnt war, mit der Waffe in der Hand für den Palästinenserstaat zu kämpfen, war nun bereit, das Existenzrecht des jüdischen Staates anzuerkennen. Der Anspruch auf ein arabisches Palästina vom Jordan bis zum Mittelmeer wurde ad acta gelegt. Unter der Regie von US-Präsident Clinton reichte er Rabin symbolträchtig die Hand. Der Kompromiss lautete »Land für Frieden«, eine Zweistaatenlösung schien greifbar.

Warum kam es nie so weit?

Gewaltakte der Radikalen auf beiden Seiten torpedieren bis heute immer wieder alle Friedensbemühungen. Am 4. November 1995, nur einen Monat nach der Vertragsunterzeichnung von Oslo II, welches den Palästinensern Autonomierechte im Westjordanland zusicherte, erschoss der extremistische jüdische Student Jigal Amir den Friedensnobelpreisträger Rabin. Während der ersten Anhörung vor Gericht zeigte er sich wenig reumütig: »Nach jüdischem Recht (der Halacha) muss ein Jude, der sein Volk oder sein Land an den Feind verrät, getötet werden.« Auf palästinensischer Seite sprengten sich radikale Muslime der Hamas oder des Dschihad Islami in Bussen, vor Einkaufszentren oder in der Nähe von Siedlungen in die Luft. Die Radikalen erreichten ihr Ziel: Vom Frieden wollte niemand mehr sprechen.

Erst im Jahr 2000 lud US-Präsident Clinton Palästinenserpräsident Arafat und Israels Premier Barak an den geschichtsträchtigen Ort Camp David ein, um den Durchbruch zu erzwingen. Die Friedensverhandlungen scheiterten jedoch kläglich – weder das Problem der Siedlungen im Westjordanland, die Souveränitätsfrage in Jerusalem noch die Rückkehrrechte von vier Millionen Palästinensern, die im Exil leben, konnten geklärt werden. Gerade die religiös behafteten Fragen schienen unlösbar. So hätte Barak die Siedlungen der nationalreligiösen Siedler im Westjordanland gänzlich auflösen, ihren Traum vom biblischen Großisrael zerstören müssen. Arafat hätte es wagen müssen, Zugeständnisse in der Heiligen Stadt Jerusalem zu machen, die mit der al-Aqsa-Moschee die drittheiligste Stätte des Islam beherbergt und somit allen gläubigen Muslimen im Nahen Osten am Herzen liegt. Beide Staatsmänner wollten sich offensichtlich nicht mit den Tiefgläubigen ihrer Gesellschaften anlegen.

Seit dem Scheitern von Camp David II hat sich sowohl die israelische als auch die palästinensische Gesellschaft weit von einem Friedensschluss entfernt. Auf israelischer Seite haben die nationalreligiösen Siedler gewonnen. Sie haben sich im Westjordanland und auch im arabischen Ostjerusalem, das nach den Wünschen der Palästinenser einst die Hauptstadt ihres Staates hätte werden sollen, festgesetzt. Auf palästinensischer Seite diktieren die radikal-islamischen Gruppen das Geschehen. 2006 wählten die Palästinenser in demokratischen Wahlen die radikale Hamas, die die EU als Terrororganisation einstuft, mit absoluter Mehrheit an die Macht. Ein Jahr später übernahmen die Gotteskrieger gewaltsam die Alleinherrschaft im Gazastreifen.

Die radikalen Palästinenser und Israels Hardliner verstehen wenig von Diplomatie und Kompromissen, dafür umso mehr vom Dialog der Waffen. Vom Gazastreifen feuern immer wieder Hamas-Kämpfer selbst gebastelte Qassem-Raketen auf Israel ab. Die israelische Luftwaffe antwortet mit äußerster Härte oder marschiert ein. Militärische Stärke soll Sicherheit bringen. Dass nur die Formel »Land für Frieden« letztendlich Sicherheit garantiert, scheint vergessen.

An eine Zweistaatenlösung glauben inzwischen sowohl Palästinenser als auch Israelis nicht mehr. Laut einer Befragung durch das Palestinian Center for Policy and Survey Research (PCPSR) von 2015 halten zwei Drittel der befragten Palästinenser eine Zweistaatenlösung aufgrund des Siedlungsbaus für nicht mehr praktikabel. Auch auf israelischer Seite sinkt die Zustimmung für zwei getrennte Staaten.

Die Osloer Verträge sollten ein erster Schritt in Richtung Palästinenserstaat und Aussöhnung sein. Nach der zivilen Selbstverwaltung hätten schrittweise weitere Probleme, wie die Flüchtlingsfrage, der Jerusalem-Status oder die endgültigen Grenzen gelöst werden sollen. Um dies zu realisieren, hätten beide Seiten Vertrauen aufbauen müssen. Den Radikalen und Hardlinern auf beiden Seiten ist es immer wieder gelungen, dieses zu zerstören.

Doch ohne Dialog ist es nur eine Frage der Zeit, bis die Hamas wieder Raketen schickt oder Israel Rachefeldzüge unternehmen wird. Dabei wäre ein Frieden für beide Seiten durchaus verlockend. Der US-Thinktank RAND hat errechnet, dass eine Zweistaatenlösung das Bruttoinlandsprodukt der Palästinenser bis zum Jahr 2024 um 50 Prozent steigern könnte, das von Israel immerhin noch um 5 Prozent. Gewaltausbrüche würden es dagegen aufseiten der Palästinenser um 45 Prozent, auf Israels Seite um 10 Prozent drücken.

Fazit: Der Palästinakonflikt kann nur dann ein Ende finden, wenn die Radikalen und Hardliner auf palästinensischer und israelischer Seite nicht mehr das Sagen haben, denn die kennen bislang nur einen Dialog – den der Waffen.

7.

Warum sind Israels nationalreligiöse
Juden und die radikal-islamischen
Palästinenser nicht zum Frieden bereit?

»Die islamische Widerstandsbewegung (Hamas) ist eine außerordentliche palästinensische Bewegung. Sie erkennt den Islam als Ordnungssystem des Lebens an und steht dafür ein, dass das Banner Allahs über jedem Zoll Palästinas wehen wird.« Die Gründungscharta der radikal-islamischen Hamas aus dem Jahr 1988 lässt keinen Zweifel daran aufkommen, wer in Palästina herrschen soll – Muslime. Der Kampf gegen die Juden sei »gefährlich und lang«, heißt es darin. »Ein Bataillon nach dem anderen« müsse aus der geteilten arabischen Welt gegen den Feind anlaufen, bis der Sieg Allahs komme. Die ewige Feindschaft mit den Juden wird durch eine Aussage des Propheten besiegelt, der gesagt haben soll, dass das Jüngste Gericht erst kommen werde, »wenn die Muslime die Juden bekämpfen und sie töten werden«. Möglichen Friedensinitiativen und einer Zweistaatenlösung wird eine klare Absage erteilt, denn »würde man einen Teil Palästinas aufgeben, wäre das so, als würde man einen Teil der Religion aufgeben«. Es gebe keine Lösung für das Palästinaproblem außer den Dschihad. Da Palästina ein »Waqf«, eine Stiftung Allahs, sei, gehöre das Land bis zum Jüngsten Tag den zukünftigen muslimischen Generationen. Für den jüdischen Staat Israel gibt es in diesem Dokument keinerlei Platz. Aber sind diese Worte in Stein gemeißelt? Kann sich die radikale Position nicht im Laufe der Zeit abgeschwächt haben?

Hamas-Führer Ismail Hanija wurde 2006 erster Ministerpräsident der Palästinenser. Er erwähnte zumindest die Möglichkeit eines speziellen Waffenstillstands mit Israel. Ein solcher »Hudna« kann nach islamischem Rechtsverständnis zehn Jahre andauern. Mit einem endgültigen Frieden hat das Konstrukt leider wenig zu tun.

Im Dezember 2012 zeigte sich der Hamas-Hardliner Chaled Maschaal, der bis heute im Exil in Katar lebt, nach 37 Jahren zum ersten Mal wieder im Gazastreifen. Effekthascherisch öffnete er die Tür einer Raketenattrappe, trat hervor und schwor 200.000 anwesende Palästinenser erneut auf die alten Ziele der Hamas-Charta ein. Palästina gehöre ihnen vom Mittelmeer bis zum Jordan: »Wir können keinen Zollbreit davon abgeben.« 2017 präsentierte Maschaal in Katar dann ein neues Hamas-Manifest, das im Tonfall wesentlich gemäßigter klingt. Nicht alle Juden seien Feinde. Die Wende? Nur zum Teil. Denn hier wird zwar zum ersten Mal festgehalten, dass ein Palästinenserstaat auch in den Grenzen vor dem Sechstagekrieg möglich sei, aber zugleich wird betont, dass Palästina vom Mittelmeer bis zum Jordan befreit werden müsse. Nach wie vor sind die radikalen Muslime nicht bereit, ein Stück Palästinas, das Allah ihnen angeblich gegeben hat, für den Frieden zu opfern, und wollen jeden Zoll notfalls mit Waffengewalt verteidigen.

Aber sind die jüdischen nationalreligiösen Siedler, die im Westjordanland zuhauf leben, friedlicher? Zwei Rabbiner aus der Siedlung Jitzhar veröffentlichten 2009 das radikale Buch *Des Königs Thora*. Die unfromme Botschaft: Man dürfe Nichtjuden durchaus töten, um das Leben von Juden zu retten, und Israels Regierung dürfe auch die Kinder des Feindes umbringen, damit sie nicht später den Juden schaden können. Eine Blaupause für radikale Siedler, die immer wieder zur Waffe gegen Palästinenser greifen.

Sie fühlen sich im Westjordanland nicht als Besatzer, sondern kehren nach ihrem Glaubensverständnis zurück ins biblische Judäa und Samaria, das heutige Westjordanland. Einer der Siedler beschreibt die Notwendigkeit der Rückkehr so: »Die Juden verlieren überall auf der Welt den Kontakt mit ihrer Herkunft, ihren Texten, ihrem Vertrauen in das Recht auf das Land ihrer Vorfahren. Ohne dieses strömen sie entwurzelt umher und sind verloren in einer materiellen Welt ohne Glauben.« Aus Sicht der frommen Siedler hat Gott den Juden das Westjordanland vermacht. Hier befinden sich mit Bethlehem, Hebron, Eli und Silo die alttestamentlich bedeutenden Orte. Notfalls sind radikale Siedler bereit, den heiligen Boden mit Gewalt zu verteidigen. So erschoss Baruch Goldstein 1994 in Hebron wahllos Palästinenser. 29 Menschen starben an der zweitheiligsten Stätte des Judentums, wo zugleich auch die Muslime beten: an der Grabstätte der biblischen Urväter Abraham, Isaak und Jakob. Auf seinem Grabstein wird der Attentäter bis heute als Märtyrer verehrt.

Zwar haben sich Israels Regierungen stets von den Bluttaten der Siedler distanziert, aber nicht von deren religiösen Ansprüchen auf das Westjordanland. Das israelische Außenministerium will auf seiner Webseite nichts von besetzten Gebieten wissen, nennt das Westjordanland umstritten mit der Begründung, das Gebiet sei, ähnlich dem Empfinden der Siedler, »die Wiege der jüdischen Zivilisation während biblischer Zeiten« gewesen. Alle israelischen Regierungen haben den Siedlungsbau vorangetrieben und so den fanatischen Siedlern den Rücken gestärkt. Lebten zu Beginn des Osloer Friedensprozesses 1993 noch 116.000 Siedler im Westjordanland, so schwoll ihre Zahl laut Israelischem Zentralbüro für Statistik bis 2017 auf 413.000 an. Derzeit existieren nach israelischem Verständnis 131 legale Siedlungen und 110 illegale, denn immer wieder besetzen radikale Siedler aufs Neue Hügel. Die Formel »Land für Frieden« ist ihnen, ähnlich wie den radikalen Palästinensern, gänzlich fremd. Ein Frieden ist für sie nur dann akzeptabel, wenn er ihre Besitzansprüche aufs »heilige« Land nicht tangiert.

Fazit: Sowohl die radikal-islamischen Palästinenser als auch die nationalreligiösen jüdischen Siedler sind nicht zum Frieden bereit, da beide der festen Überzeugung sind, dass sie auf einem gottgegebenen Land leben. Die Formel »Land für Frieden« wird daher abgelehnt.

8.

Sind die Israelis oder die Palästinenser schuld, wenn Blut fließt?

←

Monatelang scheint alles still, dann bricht sich die Gewalt plötzlich Bahn. So auch im Mai 2019, als innerhalb weniger Tage 450 Raketen und Granaten aus dem palästinensischen Gazastreifen auf Israel abgefeuert wurden. Israel übte sofort Vergeltung: Kampfjets bombardierten 220 Ziele in dem abgeschotteten Küstenstreifen am Mittelmeer – unter anderem ein Hauptquartier der radikal-islamischen Hamas, Raketenwerkstätten und Waffenlager. Laut palästinensischen Angaben starben bei dem Bombardement sechs Palästinenser, darunter auch eine Schwangere und ihr Kleinkind. Israel berief sich auf sein Recht zur Verteidigung, die Militanten der Hamas und des Dschihad Islami rechtfertigten ihren Beschuss mit dem Tod von Palästinensern, die bei Demonstrationen ums Leben kamen. Kann hier überhaupt noch zwischen Tätern und Opfern unterschieden werden? Wer trägt die Schuld, wenn immer wieder Blut vergossen wird?

Wer Schuldzuweisungen machen will, tut gut daran, sich zunächst mit den Fakten zu beschäftigen. Während des Sechstagekriegs 1967 eroberten israelische Truppen den Gazastreifen, das Westjordanland, Ostjerusalem sowie die Golanhöhen an der Grenze zu Syrien, wobei Israel die Golanhöhen und Ostjerusalem annektierte. Israel wurde für die dort lebenden Palästinenser zur Besatzungsmacht. Resolution 242 des UN-Sicherheitsrats fordert bis heute den »Rückzug der israelischen Streitkräfte« aus den besetzten Gebieten. Nur aus dem Gazastreifen zog sich Israel im Jahr 2005 zurück. Dürfen sich die Palästinenser da nicht mit allen Mitteln gegen die Besatzer wehren?

Viele Völkerrechtler sind der Ansicht, dass das Recht der Völker auf Selbstbestimmung auch den bewaffneten Widerstand einschließt. Zahlreiche UN-Resolutionen enthalten die Formel »einschließlich des bewaffneten Kampfes«, um Besatzer zu vertreiben. Je geringer deren Bereitschaft, die Besatzung zu beenden, desto eher darf Gewalt gegen Besatzer angewendet werden. So stieß denn auch die Erste Intifada der Palästinenser (1987–1993), als Jugendliche Steine gegen schwer bewaffnete israelische Soldaten warfen, weltweit auf Sympathien. Der »Krieg der Steine« schien legitim. Ganz anders fiel das Urteil über die Zweite Intifada, die »al-Aqsa-Intifada«, aus. Nachdem im Jahr 2000 Oppositionsführer Ariel Scharon provokant den für die Muslime heiligen Tempelberg bestiegen hatte, verübten die radikal-islamische Hamas und die al-Aqsa-Märtyrer-Brigaden (der bewaffnete Arm der palästinensischen Fatah, die sich als politische Partei eigentlich dem Friedenprozess verpflichtet hatte) zahllose Selbstmordattentate, wobei viele Zivilisten ums Leben kamen. War das noch legitimer Widerstand gegen die Besatzer? Nein, denn das Völkerrecht deckt keine Selbstmordattentate gegen Zivilisten. Auch das wahllose Abfeuern von Raketen vom Gazastreifen auf nichtmilitärische Ziele in Israel ist ein eindeutiger Verstoß gegen das Völkerrecht. Gänzlich als Terror einzuschätzen ist die sogenannte Messer-Intifada, die die Palästinenser im Spätsommer 2015 starteten: Religiöse Fanatiker stürzten sich vielerorts mit Messern auf Israelis, die ihnen über den Weg liefen, um entweder ihrer Frustration über die Besatzung Luft zu machen oder die heilige al-Aqsa-Moschee zu verteidigen, die sie in Gefahr sahen.

Also liegt die Schuld allein auf palästinensischer Seite? Mitnichten. Denn die Bereitschaft Israels zur Beendigung der Besatzung ist seit den gescheiterten Friedensverhandlungen im Jahr 2000 nur noch gering. Stattdessen wird auf Militäroperationen gesetzt, um die Sicherheit Israels zu gewährleisten, auch wenn palästinensische Zivilisten den Preis dafür zahlen müssen. Israel griff immer wieder auf das Mittel »gezielter Tötungen« aus der Luft zurück, um mutmaßliche Terroristen im Voraus auszuschalten, was als »vorbeugende Selbstverteidigung« bezeichnet wurde. Derlei Aktionen widersprechen allerdings den Prinzipien des Rechtsstaats, der nicht auf bloßen Verdacht hin richtet. Wenn dabei Zivilisten getötet werden, liegt gar eine Verletzung des Völkerrechts vor. Die Angehörigen der unschuldig Getöteten schwören nicht selten Rache. Nichtsdestotrotz zeigt eine Umfrage, dass 77 Prozent der jüdischen Bevölkerung in Israel die Liquidierungen befürworten.

Immer wieder sieht sich Israel mit dem Vorwurf konfrontiert, unverhältnismäßige Gewalt zur Abschreckung anzuwenden. Die Militäroperation »Gegossenes Blei« im Jahr 2008/2009 sollte offiziell den Beschuss durch Hamas-Raketen beenden, was als Selbstverteidigung gelten mag. Unter den 1400 getöteten Palästinensern befanden sich aber 320 Minderjährige und 107 Frauen, die sich nicht an den Kämpfen beteiligt hatten, wie die israelische Menschenrechtsgruppe B'Tselem ermittelte. Auf israelischer Seite starben während der Aktion sechs Soldaten. 2014 startete Israel die Operation »Protective Edge« im Gazastreifen: Von den 2002 palästinensischen Opfern waren laut B'Tselem 63 Prozent nicht an den Kämpfen beteiligt. Ein Missverhältnis, das international heftige Kritik auslöste. Seit 2018 demonstrieren Palästinenser immer wieder im Gazastreifen an der Grenze zu Israel. Laut einer Zählung der Nachrichtenagentur AP kamen innerhalb eines Jahres dabei 196 Demonstranten ums Leben. Israels Soldaten scheinen auch hier den Finger eindeutig zu schnell am Abzug zu haben. Ein Bericht des UN-Menschenrechtsrats sieht gar Hinweise auf Kriegsverbrechen.

Fazit: Obwohl beide Seiten sich hauptsächlich als Opfer von Gewalt sehen, sind sie auch immer wieder Täter: Wenn die Hamas Raketen auf zivile Ziele in Israel abfeuert oder Israel bei Militäraktionen Hunderte von Zivilisten tötet.

9

Kein Zweifel, sollte der Konflikt zwischen Israelis und Palästinensern wirklich unlösbar sein, dann deshalb, weil der Streit um das Heilige Jerusalem nicht zu schlichten ist. 1967 eroberten israelische Truppen den Ostteil der Stadt, die vermutlich bereits vor ca. 3000 Jahren zum ersten Mal besiedelt wurde. Israels Politiker nennen seitdem Jerusalem immer wieder die ewige ungeteilte Hauptstadt ihres Staates, ohne anzuerkennen, dass sie de facto längst getrennt ist. Denn im Westen der Stadt leben etwa 350.000 Juden, im Osten etwa so viele Araber. Zu Begegnungen zwischen den Welten kommt es nur selten. Und wenn doch, dann sind sie bedrohlich. In und um Ostjerusalem leben nämlich inzwischen auch 200.000 Israelis, schätzungsweise 2000 Siedlungs-Hardliner haben im Ostteil, direkt in der Nähe der Altstadt, Wohnraum aufgekauft. Sie leben verschanzt hinter Gittern und Mauern, die von Überwachungskameras kontrolliert werden, um so den jüdischen Besitzanspruch auf die ganze Stadt zu demonstrieren.

Selbst nach dem ersten Friedensabkommen von Oslo 1993 ließ Premierminister Rabin keine Zweifel aufkommen, dass über Jerusalem nicht verhandelt werden könne. Die Palästinenser träumen dagegen bis heute davon, Ostjerusalem zur Hauptstadt eines Palästinenserstaates zu machen.

Aber warum ist in Jerusalem niemand kompromissbereit?

In der Stadt, die die Araber »Al-Quds« (die Heilige) nennen und die Israelis »Jeruschalajim« (die Friedliche), regiert der Glaube und nicht die Vernunft. Sie ist der Inbegriff verschiedenster Heilsbotschaften. Erzählungen über Abraham, Jesus oder Mohammed werden hier zu historischen Wahrheiten. Für Gläubige aller drei Weltreligionen ist sie gleichermaßen heilig. Für die Juden ist sie die Stadt Davids und der zwei heiligen jüdischen Tempel, für die Muslime nach Mekka und Medina die drittheiligste Stätte, da hier der Prophet Mohammed von der al-Aqsa-Moschee aus eine wundersame Himmelfahrt unternommen haben soll. Die Christen wiederum pilgern zur Grabeskirche Jesu und gedenken auf der Via Dolorosa der Leiden Christi. Kompromisse scheinen kaum möglich, zu bedeutend ist jeder Stein.

Unglücklicherweise liegen in der Altstadt Jerusalems die Heiligtümer auch noch übereinandergeschichtet. Auf dem Schutt der beiden jüdischen Tempel, die 586 v. Chr. und 70 n. Chr. zerstört wurden, ließen arabische Herrscher zwischen 685 und 715 n. Chr. den Felsendom und die al-Aqsa-Moschee errichten. Und so beten heute die Juden an der Klagemauer, die zum zweiten Tempel gehören soll, während wenige Meter über ihnen die Muslime vor der al-Aqsa-Moschee zum Zeichen ihrer Demut die Stirn aufs Pflaster pressen.

Kleinste Grenzüberschreitungen können ungeahnte Folgen haben. Als der rechte Hardliner Ariel Scharon den Tempelberg im Jahr 2000 bestieg, löste er die Zweite Intifada mit fast 6000 Toten aus. Obwohl Israels Oberrabbinat einst für Juden den Besuch verbat, da sie sonst ungewollt das Allerheiligste des verschütteten Tempels entweihen könnten, drängt es immer mehr fromme Juden auf die Plattform des Berges, wo die Muslime beten. Waren es im Jahr 2009 etwa 5600, so erklommen 2017 bald 20.000 Strengreligiöse den Berg zum Beten. Rabbi Jehuda Glick ist einer, der die radikalen nationalreligiösen Siedler nach oben treibt, denn »dies ist der einzige Platz auf der Welt, den Gott auserwählt hat, wo seine göttliche Präsenz ruht. Der einzige, wo Juden verpflichtet sind hinzukommen«. Die Muslime sollten sich »an die Fakten gewöhnen«.

Doch der ständige Hausfriedensbruch löste etwas ganz anderes als Gewöhnung aus. Jugendliche stürzten sich mit Messern auf Juden in Jerusalem, um so die al-Aqsa-Moschee zu verteidigen. Für Mohammed Hussein sind die Araber der »Messer-Intifada« Märtyrer, wenn sie dabei von israelischen Sicherheitskräften getötet werden. Der Großmufti von Jerusalem herrscht über den »Haram al-Sharif«, wie die Muslime das Plateau des Tempelbergs nennen. Dass Juden und Muslime einst oben gemeinsam beten könnten, hält er für absurd, ebenso, dass jemals ein jüdisches Heiligtum hier existiert haben könnte. »Das hier ist muslimisch und gehört uns, uns allein. Niemand hat hier sonst einen Anspruch.«

Jedwede Lösungsmöglichkeit wird schnell von beiden Seiten verworfen. Die Vereinten Nationen hatten 1947 einen internationalen Sonderstatus für die Altstadt vorgeschlagen – vergeblich. US-Präsident Bill Clinton scheiterte bei seinem Friedensgipfel im Jahr 2000 nicht zuletzt an der Jerusalem-Frage. Auch Vorschläge, dass die Muslime auf dem Plateau des Bergs beten könnten, während die Juden im Untergrund nach den Resten des Zweiten Tempels suchen und folglich hier ihr Heiligtum finden, werden von muslimischer Seite strikt abgelehnt. Für den Jerusalemer Großmufti reicht die al-Aqsa »vom Himmel bis tief in die Erde«.

Wenige Hundert Meter vom Berg entfernt propagiert das jüdische Tempel-Institut ein äußerst gefährliches Projekt: den Bau des dritten jüdischen Tempels. Er soll einst da stehen, wo sich heute die al-Aqsa und der Felsendom befinden. Gelingt es den religiösen Fanatikern, ihr Vorhaben tatsächlich zu verwirklichen, scheint ein Krieg mit den Muslimen unausweichlich. Viele Nahost-Beobachter gehen zu Recht davon aus, dass hier am Tempelberg der Dritte Weltkrieg beginnen könnte.

Fazit: Da in Jerusalem der Glaube und nicht die Vernunft regiert, scheinen Kompromisse, die vor allem den Status der heiligen Stätten betreffen, nahezu unmöglich.

10

Die Frage klingt zunächst absurd. Warum sollte der jüdische Staat jemals muslimisch werden? Sicherlich werden kaum Juden zum Islam konvertieren, werden Sie sich sagen. Stimmt! Und dennoch ist sie äußerst realistisch, denn die demografische Bombe tickt. »Die Gebärmutter der arabischen Frau ist meine stärkste Waffe«, hatte schon Palästinenserpräsident Arafat gedroht. Werden die Palästinenser eines Tages also aufgrund hoher Geburtenraten Israel in die Knie zwingen?

Bei einer Zweistaatenlösung für Israelis und Palästinenser wäre die Bombe entschärft, doch die Trennung scheint in weite Ferne zu rücken. Israelische Siedler haben das palästinensische Westjordanland in einen Flickenteppich verwandelt, Ostjerusalem wird nach derzeitigem Stand wohl niemals Hauptstadt eines Palästinenserstaates werden. Der Gazastreifen hat nach wie vor keine Anbindung an das Westjordanland, hier regiert die radikale Hamas, im Westjordanland herrscht die säkulare Fatah. Ein eigenständiger Palästinenserstaat scheint da kaum vorstellbar. Was bleibt? Ein gemeinsamer Staat für Israelis und Palästinenser?

Genau hier würde die Demografie ins Spiel kommen. Israels Ex-Finanzminister Jair Lapid war nur einer von vielen, der warnte, dass ohne Trennung »die Existenz Israels als jüdischer Staat« bedroht sei. Tatsächlich würde ein gemeinsamer Staat mit den Palästinensern als gleichberechtigte Bürger neue Verhältnisse schaffen: Denn derzeit leben in Israel etwa 80 Prozent Juden und 20 Prozent israelische Araber, zumeist Muslime. Zählt man aber die Palästinenser des Westjordanlands, aus Ostjerusalem und dem Gazastreifen hinzu, sieht das Verhältnis ganz anders aus: Dann herrscht Gleichstand, wie Vertreter der israelischen Armee 2018 besorgt in der Knesset, dem israelischen Parlament, verkündeten. Denn ganz Palästina in den Grenzen von 1948, also zur britischen Mandatszeit, beherbergt schon jetzt 6,5 Millionen israelische Juden und 6,5 Millionen Araber, davon ca. 2,7 Millionen Palästinenser im Westjordanland und in Ostjerusalem, knapp 2 Millionen im Gazastreifen. Hinzu kommen noch 1,84 Millionen Araber mit israelischem Pass.

Wird kein eigener Palästinenserstaat gegründet, scheint Israel vor zwei unerfreulichen Alternativen im Einheitsstaat zu stehen: Entweder es verweigert den neuen arabischen Bürgern das Wahlrecht und verliert so den Status der einzigen echten Demokratie im Nahen Osten, oder es gibt ihnen das Wahlrecht und verliert seinen jüdischen Status. Der langjährige arabische Knesset-Abgeordnete Ahmad Tibi formulierte es drastisch: Bei einer Einstaatenlösung müsse Israel wählen zwischen »Apartheid und einem palästinensischen Premierminister«.

Trotzdem setzen inzwischen besonders Israels Ultrarechte auf einen Einheitsstaat. Sie hoffen ihrerseits auf eine Lösung per Gebärmutter. Denn mit durchschnittlich 3,1 Kindern pro Frau liegt die Geburtenrate israelischer Frauen laut OECD so hoch wie in keinem anderen Staat der westlichen Welt. Während gleichzeitig palästinensische Statistiker ein stetiges Absinken der Fruchtbarkeit bis auf 4,1 Kinder pro palästinensischer Frau im Jahr 2013 in den besetzten Gebieten vermelden mussten.

Doch Israels Kindersegen könnte für den jüdisch-demokratischen Staat selbst zum Problem werden. Denn besonders fruchtbar sind mit durchschnittlich 6,5 Kindern pro Frau gerade die »Haredim«, die ultraorthodoxen Juden. Sie wollen der Gesellschaft ihre religiösen Gesetze aufzwingen, ihre Kinder selbst erziehen und gehören zur ärmsten und am wenigsten gebildeten Schicht Israels. Die Demokratie bleibt für sie Mittel zum Zweck, um ihr strengreligiöses Weltbild mit den Gesetzen des Judentums durchzusetzen. Bis zu den Wahlen 2019 galten 21 der 120 Knesset-Abgeordneten als Haredimfreundlich, bis 2059 könnte laut Prognosen ein Viertel der Bevölkerung ultraorthodox sein.

Auch wenn Israel den »Krieg der Gebärmütter« gewinnen sollte, könnten die Folgen fatal sein. Nicht nur, dass auf dem kleinen Staatsgebiet schon jetzt eine drückende Enge herrscht, ein ungebremster Zuwachs der Strengreligiösen würde die Gesellschaft noch weiter nach rechts rücken. Dass die Palästinenser in einem Einheitsstaat gleiche Rechte genießen würden, erschiene dann eher unwahrscheinlich. Der jüdische Staat würde seinen demokratischen Charakter einbüßen.

Fazit: Kommt es zu einem gemeinsamen Staat mit den Palästinensern, halten sich Juden und Muslime darin die Waage. Will Israel eine Demokratie bleiben, muss es zwangsläufig auch den Muslimen gleiche Rechte einräumen, was den jüdischen Charakter des Staates infrage stellt.

11

Sind alle Konflikte im Nahen Osten auf die Existenz Israels zurückzuführen?

Sicherlich nicht. Israel als Keimzelle aller Konflikte zu bezeichnen wäre zu weit gegriffen. Aber dass die Gründung des Staates die Region destabilisiert hat, ist ebenfalls nicht von der Hand zu weisen. Vor allem das ungelöste Problem der 750.000 Palästinenser, die nach dem ersten israelisch-arabischen Krieg 1948 flohen oder vertrieben wurden, hat Auswirkungen auf die Nachbarländer. Heute rechnet das Hilfswerk der Vereinten Nationen für Palästina-Flüchtlinge im Nahen Osten (UNRWA) mit 5,4 Millionen registrierten palästinensischen Flüchtlingen und ihren Nachkommen. Davon leben allein 2,2 Millionen in Jordanien, 550.000 in Syrien und 470.000 im Libanon.

Schon in den Sechzigerjahren steuerte die Palästinensische Befreiungsorganisation PLO von Jordanien aus ihre militärischen Aktionen gegen Israel, was auch dort zu bürgerkriegsähnlichen Zuständen führte. Nach der Vertreibung aus Jordanien ließen sich PLO-Verbände im Südlibanon nieder, von wo aus sie Israel beschossen. Die palästinensische Präsenz schürte zudem den libanesischen Bürgerkrieg, der von 1975 bis 1990 tobte und 90.000 Menschen das Leben kostete.

Auch die radikal-islamische libanesische Terrorgruppe Hisbollah definierte sich immer wieder über den Kampf gegen die Zionisten. Die Gotteskrieger wollten einen 20 Kilometer breiten Sicherheitsstreifen befreien, den Israel im Südlibanon bis zum Jahr 2000 besetzt hielt. Allerdings bezeichnete Hassan Nasrallah, der Generalsekretär der Hisbollah, Israel auch nach dem Rückzug als »verdorbene Bakterie«, die den Tod verdiene. 2019 drohte Nasrallah erneut mit Raketen-angriffen auf Tel Aviv. 10.000 Blauhelmsoldaten sichern mehr schlecht als recht den brüchigen Frieden an der israelisch-libanesischen Grenze.

Häufig haben sich arabische Potentaten einfach des Palästinakonflikts bedient, um ihre gefährdete Regentschaft gegen außen oder aufbrandenden Widerstand im Innern zu sichern. So feuerte Saddam Hussein im Golfkrieg 1991 auf das unbeteiligte Israel 42 Scud-Raketen ab, um einen Gegenschlag zu provozieren. Sein Kalkül: Nach dem Eingreifen Israels wäre die Koalition des Westens, der auch zwölf arabische Armeen angehörten, wahrscheinlich zerbrochen.

Ebenso hat der Iran propagandistisch in der Bevölkerung immer wieder Ängste vor Israel geschürt. Dem jüdischen Staat wurden enorme Expansionsgelüste unterstellt, etwa dass Israel laut Geheimplänen alle Länder vom Euphrat bis Nil besetzen wolle. Auch andere arabische Regenten machten sich diese Methode zunutze, um von eigenen Unzulänglichkeiten abzulenken.

Viele bewaffnete Konflikte im Nahen Osten haben jedoch wenig mit der Gründung Israels zu tun. Sie sind hausgemacht. Die Bürgerkriege in Syrien, Libyen oder dem Jemen oder islamistische Terrorakte zeigen, dass die Gesellschaften Konfliktlagen aufweisen, die jederzeit zu Gewalt führen können: Feindschaften zwischen Sunniten und Schiiten, Säkularen und Strengreligiösen, Autokraten und unterdrückten Oppositionellen, bedürftigen Arbeitslosen und korrupten Eliten. Seit dem Arabischen Frühling sind selbst im Nahen Osten die Schuldzuweisungen, dass Israel alles Übel in der Region zu verantworten habe, leiser geworden – allerdings noch nicht gänzlich verklungen. Als im Herbst 2019 Tausende Iraker gegen die Missstände im Land protestierten, meldeten sich hochrangige iranische Militärs und der religiöse Führer des Iran Khamenei nach altbekannter Manier zu Wort: Israel und die USA würden selbstverständlich hinter den Aufständen stecken.

Fazit: Die Gründung Israels hat sicherlich den Nahen Osten destabilisiert, aber viele der gewaltsamen Konflikte innerhalb und zwischen den dortigen Gesellschaften haben nur wenig mit der Existenz des jüdischen Staates zu tun.

12

Was hat den Arabischen Frühling ausgelöst?

Manchmal reicht eine Verzweiflungstat, um eine Revolution auszulösen: In Tunesien führte eine Selbstverbrennung gleich zu einer ganzen Welle von Aufständen im Nahen Osten, die gemeinhin als Arabischer Frühling bezeichnet wird. Der 26-jährige Gemüsehändler Mohammed Bouazizi zündete sich am 17. Dezember 2010 vor der Präfektur in Sidi Bouzid an. Nach der Schulzeit hatte er vergeblich nach einem guten Job gesucht. Als Händler erlebte er die Willkür des Staates. Polizei und Marktinspektoren machten ihm das Leben zur Hölle, verlangten oft von seinem mageren Verdienst Bestechungsgelder, um über fehlende Lizenzen hinwegzusehen. Am Tag der Verbrennung hatte ihn eine Polizistin öffentlich geohrfeigt und ihm seine Waage weggenommen.

Bouazizis Verzweiflungstat löste eine Revolution aus, die in Tunesien zum Ende des autoritären Regimes führte und Präsident Ben Ali, der 24 Jahre lang mit eiserner Hand geherrscht hatte, in die Flucht trieb. Doch das war nur der Anfang. Der Revolutionsfunke sprang über. In anderen arabischen Ländern revoltierten plötzlich ebenfalls die Massen gegen die herrschenden Regime. Nur gut einen Monat nach Bouazizis Selbstverbrennung kam es zu Unruhen in Algerien und Jordanien, Ende Januar in Ägypten zum »Tag des Zorns« und im Jemen zu Protesten gegen Präsident Saleh. Im Februar begannen sich die Proteste auf Syrien, Libyen, Bahrain, den Irak, Marokko und Kuwait auszuweiten. Aber wie konnte die Tat eines Einzelnen eine derartige Welle auslösen?

Seien wir ehrlich: Hätte in Deutschland eine Verbrennung wegen Behördenwillkür einen Proteststurm ausgelöst? Eher nicht. Im Nahen Osten solidarisierten sich dagegen Tausende mit ihrem Helden, da sie offensichtlich unter ähnlichen Missständen litten und bis dato kein Gehör fanden. In Tunis trägt der Hauptplatz heute sogar den Namen des verzweifelten Gemüsehändlers. Bouazizi mag der Auslöser für den Arabischen Frühling gewesen sein, doch die Ursachen für den Flächenbrand lagen tiefer. Obwohl die Gemengelage natürlich in jedem Land Unterschiede aufwies, lassen sich ähnliche politische, soziale und ökonomische Missstände erkennen. Autoritäre Herrscher, teilweise auch Diktatoren, verhinderten in der Region jahrzehntelang jegliche politische Teilhabe des Volkes. In Tunesien, wo alles begann, war Präsident Ben Ali schon seit 1987 an der Macht, in Ägypten Präsident Mubarak seit 1981, in Libyen Diktator al-Gaddafi sogar seit 1969 und im Jemen Präsident Saleh seit 1978. In Syrien herrscht Baschar al-Assad bis heute. Sein Vater hatte von 1970 an das Land mit brutaler Härte regiert.

In zweifelhaften Wahlen ließen sich die Potentaten oft mit verdächtig hohen Prozentzahlen ihre Herrschaft legitimieren. Um ihre Macht abzusichern, hievten sie Verwandte oder Angehörige ihrer Religionsgruppe auf wichtige Positionen, die unbedingte Loyalität von Militärs oder einflussreichen Religionsvertretern wurde mit Geld und Ämtern erkauft. »Fasad« – übersetzt Korruption – ist ein Wort, das vielen Arabern zuerst einfällt, wenn sie an Politiker und angestellte Staatsdiener denken. Die Proteste während des Arabischen Frühlings fielen gerade in den Ländern besonders heftig aus, in denen die Korruption am heftigsten grassiert. Laut Transparency International landete der Irak im Ranking für Korruption im öffentlichen Sektor im Jahr 2012 auf Platz 169 (von 174 Ländern), Libyen belegte Rang 160, der

Jemen 156, Syrien 144, Ägypten 118. Deutschland lag übrigens auf Rang 13.

Die Günstlingswirtschaft der Mächtigen führt auch dazu, dass der Reichtum der Araber sich in wenigen Händen konzentriert: Für den Nahen Osten errechnete die US-Organisation World Data Base, dass auf 1 Prozent der Bewohner rund 30 Prozent des Bruttonationaleinkommens (BNE) entfallen, aber auf 50 Prozent der Bevölkerung gerade einmal 10 Prozent des BNE. Die Folgen der Weltfinanzkrise trafen die unteren Schichten besonders hart: Steigende Lebensmittelpreise führten bereits 2008 zu ersten Protesten im Jemen, in Marokko, Tunesien und Ägypten. Die bittere Armut der unteren Schichten war sicherlich der Nährboden des Arabischen Frühlings.

Treibende Kraft der Aufstände waren besonders junge Erwachsene, die sich ohne Zukunftsperspektiven sahen. Gerade diese Altersklasse ist in den arabischen Staaten Nordafrikas und des Nahen Ostens überrepräsentiert. Ein Drittel der Bevölkerung war zu Beginn des Arabischen Frühlings im Durchschnitt zwischen 15 und 29 Jahre alt, in Syrien und dem Irak waren über 60 Prozent unter 30 Jahre alt, im Gazastreifen sogar über 70 Prozent. Gleichzeitig lagen aber laut Weltbank die Arbeitslosenquoten für Jugendliche im Jahr 2010 in Ägypten, Algerien und Tunesien bei 20 bis 30 Prozent. Die Ökonomien der Region konnten mit dem Bevölkerungswachstum nicht mehr mithalten und keine Jobperspektiven bieten. Eine äußerst gefährliche Gemengelage, denn gerade junge Erwachsene sind bereit, Missstände, wenn es sein muss, auch mit Gewalt zu beseitigen.

Die jungen Araber konnten sich über die sozialen Medien austauschen, die arabischen TV-Kanäle Al-Jazeera und Al-Arabiya berichteten über die Proteste aus allen Ländern. Ein neues Wirgefühl über Ländergrenzen hinweg entstand. Die üblichen Zensurmechanismen der autoritären Regime versagten zum ersten Mal. Im Westen entstand so schnell der Eindruck, dass hier die Unterdrückten der arabischen Nationen einheitlich nach Demokratie schrien. Aber war das so? Nein. Die Wut auf korrupte Eliten, die Schere zwischen Arm und Reich und fehlende Jobperspektiven dürften eher der Treibsatz für die Volksaufstände gewesen sein.

Fazit: Der Arabische Frühling war in erster Linie kein Schrei nach Demokratie, sondern eine Gegenreaktion auf die korrupten Eliten im Nahen Osten, selbstherrliche autokratische Regime und fehlende Zukunftsperspektiven für die vielen jungen Araber.

13

Als Ägyptens autokratischer Präsident Mubarak am 11. Februar 2011 dem Druck der Straße nachgab und zurücktrat, tanzten die Ägypter auf den Nilbrücken und auf dem »Midan at-Tahrir«, dem »Platz der Befreiung«, in Kairo, jubelten und schrien beseelt in den Nachthimmel: »Wir sind das Volk.« TV-Kameras übertrugen die Szenen weltweit – was sie jedoch nicht zeigten: In den traditionell islamischen Vierteln Altkairos war es mucksmäuschenstill geblieben, kein Jubel weit und breit. Hatte hier wirklich ein ganzes Volk nach mehr Demokratie geschrien?

Die Präsidentschaftswahlen 2012 sollten zeigen, dass weite Teile der ägyptischen Gesellschaft wohl einen Wandel wollten, aber einen ganz anderen. Die islamistische Muslimbruderschaft, die Keimzelle der islamistischen Bewegungen in der Region, gewann an der Urne. In Tunesien siegte bei den ersten freien Wahlen zur verfassungsgebenden Versammlung mit Ennahda ebenfalls eine islamistische Partei. Westliche Politiker waren bass erstaunt, waren sie doch davon ausgegangen, dass der Arabische Frühling als Ziel die liberale Demokratie des Westens im Nahen Osten hatte. Doch die Plakate, Banner und Aufrufe der Protestierenden forderten zwar einheitlich mehr soziale Gerechtigkeit, Freiheit, Würde und Respekt, aber eben nicht Demokratie. Die Ablehnung der herrschenden Regime und ihres paternalistischen Stils sowie der korrupten Machtstrukturen einte sicherlich alle Protestierenden, doch eine gemeinsame politische Vision hatten sie nicht.

Schnell stellte sich heraus, dass sich die Ziele der Demonstranten teilweise deutlich voneinander unterschieden. So protestierte in Saudi-Arabien die schiitische Minderheit gegen die Unterdrückung durch das sunnitische Königshaus, daneben traten Frauen für mehr Rechte ein, Liberale für eine Lockerung der strengreligiösen Vorschriften. Im ärmeren Algerien richteten sich die Proteste zunächst gegen gestiegene Nahrungsmittelpreise, in Marokko gegen die Arbeitslosigkeit, im Irak gegen die Benachteiligung der sunnitischen Minderheit durch die schiitische Mehrheit nach dem Sturz Saddam Husseins, in den Palästinensergebieten demonstrierten die Bürger für eine Einheitsregierung aus radikaler Hamas und säkularer Fatah, und in Syrien revoltierten die Menschen gegen die Selbstbedienungsmentalität des Assad-Clans und für mehr politische Freiheiten.

Von den Aufständen völlig überrumpelt, versuchten einige der Machthaber, mit mehr oder weniger kosmetischen politischen Reformen an der Macht zu bleiben. Minister wurden geopfert, Verfassungsreformen versprochen, Subventionen für die Armen zugesichert. Besonders die arabischen Monarchien wie Jordanien oder Marokko konnten so die Proteste eindämmen. Die Könige genossen eine große Legitimität in der Bevölkerung, konnten Partizipation zulassen, ohne ihre Machtbasis zu gefährden. Die ölreichen Golfmonarchien wiederum waren in der Lage, sich mit Geldgeschenken Loyalität zu erkaufen.

In anderen Staaten ließen die Machthaber dagegen sofort auf die Protestierenden schießen. Die Soldaten hatten scheinbar immer dann den Finger schnell am Abzug, wenn ihr eigenes Schicksal an dem des Regimes hing. So sind in Syrien die Alawiten, eine religiöse Minderheit, zu der auch Präsident al-Assad gehört, an der Macht. Sie besetzen zugleich wichtige Militärposten. Ein Sturz al-Assads hätte wohl auch das

Leben dieser Alawiten gefährdet. In Bahrain ließen sunnitische Generäle auf schiitische Protestler schießen. Auch hier hätte wohl ein Umsturz die Mehrheit der Schiiten im Land an die Macht gebracht, mit ungewissem Ausgang für die Sunniten. Und auch in Libyen feuerten Sicherheitskräfte auf die Aufständischen, die größtenteils zum Stamm von Diktator al-Gaddafi gehörten. Militärs aus anderen Stämmen liefen dagegen häufig zu den Revoltierenden über.

Wo immer geschossen wurde, entwickelten sich – außer in Bahrain – verheerende Bürgerkriege mit ganz verschiedenen Frontverläufen. In Syrien kämpften Soldaten der Freien Syrischen Armee, die Kurden und Islamisten um Macht und Land. Je schwächer al-Assads Regime wurde, desto mehr gewannen die radikalen Dschihadisten des IS und al-Qaidas die Oberhand. Ähnlich der Verlauf im Irak, wo sich die Gotteskrieger als Schutzherren der entmachteten Sunniten hervortaten. Im Jemen bekämpfen bis heute die schiitischen Huthi-Rebellen, die sich »Ansar Allah« (Helfer Gottes) nennen, die Zentralregierung. In Libyen haben nach dem Sturz al-Gaddafis gleich eine Vielzahl von Milizen die Macht im Land unter sich aufgeteilt. Auch hier gewannen die Dschihadisten al-Qaidas und des IS im Machtvakuum an Einfluss.

Die Bürgerkriege bremsten schnell die Protestkraft des Arabischen Frühlings. So konnten viele der Autokraten ihre Position erneut festigen, da sie nach altbewährtem Muster versprachen, die Gefahr des radikalen Islam in der Region einzudämmen. In Ägypten etwa putschte das Militär den demokratisch gewählten Präsidenten der islamistischen Muslimbruderschaft weg. Der neue Präsident as-Sisi, ein altgedienter General, ähnelt auf frappierende Weise Mubarak. Ähnlich wie zu dessen Zeiten werden nicht nur Islamisten verhaftet, sondern unter dem Label »Kampf gegen den Terror« auch friedliche Oppositionelle, um so die Machtstrukturen zu schützen.

Also waren die Aufstände umsonst? Nicht ganz. In Tunesien, wo alles begann, steht tatsächlich noch ein kleines Pflänzchen des Arabischen Frühlings. Hier gelang in weiten Teilen eine Demokratisierung, nicht zuletzt, da sich die Islamisten zu Kompromissen in der Regierungsarbeit bereit erklärten. Im Irak und in Ägypten kam es 2019 erneut zu Massenprotesten gegen die Missstände. Sie zeigen, dass sich der Arabische Winter schnell wieder in einen Frühling verwandeln könnte.

Fazit: Der Arabische Frühling misslang zunächst, da die Protestierenden keine einheitlichen Ziele verfolgten und es zu Gewalt zwischen den verschiedenen Gruppen kam. Besonders die Gotteskrieger und Autokraten der Region profitierten vom Scheitern.

14

Warum brach in Syrien ein verheerender Bürgerkrieg aus, der kaum zu beenden ist?

Der syrische Bürgerkrieg hat nicht nur das eigene Land erschüttert, sondern eine ganze Region und sogar Europa, das sich mit ungeahnten Flüchtlingswellen konfrontiert sah: Bis 2016 starben laut UN ca. 400.000 Menschen im Krieg, bis 2019 verlor fast ein Drittel der ca. 22 Millionen Syrer ihr Zuhause, 5,7 Millionen flohen ins Ausland. Amnesty International geht davon aus, dass bis zu 15.000 Gefangene in den Gefängnissen von den Schergen des Assad-Regimes hingerichtet wurden.

Obwohl der Bürgerkrieg in seiner Heftigkeit überraschte, kam er keineswegs aus heiterem Himmel. Die tiefen Gräben in der syrischen Gesellschaft sollten später einen »Jeder gegen jeden«-Bürgerkrieg ermöglichen. Gemeinsam war den verschiedenen gesellschaftlichen Gruppierungen wohl nur der Hass auf das Assad-Regime. Hafiz al-Assad, der 1971 an die Macht kam, hatte bereits jegliche Teilhabe des Volkes unterdrückt. Seine Diktatur stützte sich auf die sozialistische Baath-Partei. Wichtige Positionen im Staat besetzte er mit Alawiten, die mit 12 Prozent Bevölkerungsanteil eine Minderheit in Syrien stellen, der auch die Familie Assad angehört. Anhänger dieser Religionsgruppe galten der sunnitischen Mehrheit in der Regel aber als Häretiker. Die islamistischen Muslimbrüder versuchten bereits in den Siebzigerjahren, mit Terror das Regime zu stürzen. Als sie in der Stadt Hama 1982 den Dschihad ausriefen, antwortete al-Assad mit äußerster Härte: Bis zu 30.000 Zivilisten kamen bei der Niederschlagung ums Leben.

Als al-Assads Sohn Baschar, ein 34-jähriger Augenarzt, im Sommer 2000 die Macht übernahm, schien sich Syrien Stück für Stück zu öffnen. Doch seine Versprechen – mehr Meinungsfreiheit, Transparenz, Öffnung zum Westen, politische Reformen – blieben unerfüllt. Wer immer gegen ihn opponierte, musste mit Verhaftung rechnen. Da Syriens Wirtschaft kaum wuchs, suchten Jugendliche wie in den anderen arabischen Ländern auch hier oft vergeblich nach Arbeit.

Als 2011 der Arabische Frühling ausbrach, waren die verschiedenen Lager nur zu schnell bereit, gegen die Assad-Familie aufzubegehren. Der militärische Sieg des Regimes hätte eigentlich nur kurze Zeit in Anspruch nehmen dürfen, denn laut Schätzungen des US-Thinktanks RAND verfügte al-Assad über 300.000 bewaffnete Soldaten sowie 350.000 Reservisten. Nur dass viele ihm die Gefolgschaft verweigerten. Letztlich musste al-Assad sich auf seine Elitetruppen verlassen, die von Alawiten geführt wurden. Aufseiten der Rebellen entstanden Hunderte verschiedener Gruppierungen, die sich in drei verschiedene Großlager einteilen lassen. Die Freie Syrische Armee (FSA) war Auffangbecken für säkulare Oppositionelle und geflohene, größtenteils sunnitische Soldaten aus der regulären Armee, welche die alawitische Vorherrschaft brechen wollten. Schon 2013 sagten sich islamistische und dschihadistische Gruppierungen von der säkularen FSA los. Besonders die al-Nusra-Front, ein al-Qaida-Ableger und ISIS-Rebellen des Islamischen Staats im Irak und Syrien (später IS genannt), kämpften fortan für einen religiösen Staat und dabei sowohl gegen die FSA als auch gegen al-Assad. Die Kurden im Norden Syriens wiederum verteidigten sich gegen eine drohende Machtübernahme durch Islamisten und kämpften zugleich für ihre Unabhängigkeit vom Regime.

Die territorialen Gewinne, vor allem des dschihadistischen IS, der zeitweilig ein Kalifat in der Größe Großbritanniens in Syrien und dem Irak errichtet hatte, motivierten Tausende ausländische Kämpfer zur Teilnahme am Dschihad, um so ein islamisches Großreich zu errichten. Nicht zuletzt, um dieses zu verhindern, griffen ausländische Mächte auf verschiedenen Seiten ein und verschoben die Machtverhältnisse zugunsten al-Assads. US-Präsident Obama ließ den IS 2014 in Nordsyrien bombardieren, Russland wiederum unterstützte mit seiner Luftwaffe al-Assad bei der Rückeroberung verlorener Gebiete. Der schiitische Iran, seit Jahrzehnten mit den Assads liiert, zögerte nicht, seine verbündeten schiitischen Hisbollah-Krieger aus dem Libanon zur Unterstützung des Regimes zu schicken. Etwa 16.000 Gotteskrieger starben in den Kämpfen. Im Gegenzug unterstützten Saudi-Arabien und Katar radikale sunnitische Kämpfer in Syrien.

Im März 2019 verlor der IS die letzte Kontrolle über sein Territorium in Syrien. Aber ist der Bürgerkrieg deshalb zu Ende? Nein. Beobachter sprechen von einem »eingefrorenen« Konflikt. Auf dem Boden mag nur noch vereinzelt gekämpft werden, doch die Konfliktparteien haben sich nicht angenähert. Al-Assad konnte mit ausländischer Unterstützung zwar seine Macht sichern, doch nach dem Blutvergießen werden ihn weder die Sunniten noch die Kurden als legitimen Herrscher anerkennen. Dass al-Assad, der vermutlich sogar Giftgas gegen die eigene Bevölkerung einsetzte, kaum eine politische Öffnung und Versöhnung anstrebt, belegen gehackte E-Mails, in denen er Wahlen und Reformen offenbar als »Müll« bezeichnete.

Fazit: Zum Bürgerkrieg in Syrien kam es, da verschiedene gesellschaftliche Gruppierungen sich vom herrschenden ausbeuterischen Assad-Clan befreien wollten. Da dies misslang, dürfte es über kurz oder lang zu neuen Gewaltausbrüchen kommen.

15

Wann werden der IS und al-Qaida endlich besiegt sein?

Abu Bakr al-Baghdadi, der Führer des IS, wurde schon zigmal für tot erklärt, doch erst im Oktober 2019 starb er tatsächlich bei einer Militäroperation der Amerikaner. 2014 hatte der Iraker vor laufenden Kameras das Kalifat auf irakischem und syrischem Gebiet ausgerufen. Als Kalif wollte er die Muslime im Dschihad anführen. Fünf Jahre später musste er in einer Videobotschaft eingestehen, dass die letzte Schlacht in Syrien verloren wurde, alle Gefallenen seien aber Märtyrer. Sein Kalifat verfügte über keinerlei Territorium mehr. In dem 19-minütigen Video sprach Baghdadi mit keinem Wort vom Ende des IS. Der gescheiterte Kalif verwies stattdessen auf die Provinzen, in denen der IS immer noch mächtig sei. In Libyen würde der IS »die Feinde jagen«, in Burkina Faso und Mali würden sich Muslime dem IS anschließen, Anschläge in Sri Lanka seien die Rache für die Angriffe auf das Kalifat. Der Dschihad gegen die Feinde gehe »bis zum Tag des Jüngsten Gerichts weiter«, tönte Baghdadi. Bedeutet der Tod des Kalifen nun also tatsächlich das Ende des IS?

Ein Rückblick. Was hat Terrororganisationen wie den IS oder al-Qaida (»die Basis«), die den weltweiten Dschihad propagieren, überhaupt zum Leben erweckt? Kriegswirren boten den Nährboden, besonders dann, wenn ausländische Mächte in den muslimischen Kulturkreis eindrangen. So gründete sich al-Qaida 1988, nachdem die afghanischen Mudscheddin zusammen mit ausländischen Dschihadisten erfolgreich gegen die sowjetische Besatzung Afghanistans gekämpft hatten. Der reiche Saudi Osama bin Laden, der al-Qaida über 20 Jahre anführen sollte, war einer von ihnen. Ebenso der Ägypter Aiman az-Zawahiri, der bis heute al-Qaida aus dem Untergrund lenkt.

Nach der Rückkehr der ausländischen Gotteskrieger in ihre Heimatländer im Nahen Osten richtete bin Laden den Dschihad auf das wichtigste Land des Westens aus: die USA. Nun galt es, die Präsenz der ungläubigen US-Truppen in Saudi-Arabien zu beenden. So schrieb er 1992 an den Großmufti von Saudi-Arabien ibn Baz: »Als die Truppen des aggressiven Bündnisses der Juden und Kreuzfahrer während des Golfkriegs beschlossen, unser Land im Namen der Befreiung Kuwaits zu besetzen, beschmutzte dies unsere beiden heiligen Stätten (Mekka und Medina).« Immer wieder sollte er die westlichen Mächte mit den Kreuzrittern vergleichen, die sich im Nahen Osten ausbreiteten. Die gläubigen Muslime müssten sie gemeinsam bekriegen, allen voran sollte natürlich das zionistische jüdische Israel zerstört werden. Der Dschihad richtete sich aber auch gegen alle arabischen Regime, die mit dem Westen paktierten. Für bin Laden waren sie längst vom Glauben abgefallen.

Mit Terroranschlägen gelang es al-Qaida, den Westen immer mehr in kriegerische Auseinandersetzungen zu verstricken. Nach den Anschlägen auf das World Trade Center im Jahr 2001 kam es zur Invasion in Afghanistan. Bin Laden hatte sein Ziel erreicht: Seine Dschihad-Ideologie griff, er sprach vom »Krieg der Religionen«, »die Muslime des Ostens« sollten alle Muslime gegen die Völker des Westens, die Kreuzfahrer, verteidigen. Als US-Präsident George W. Bush 2003 im Irak einmarschierte, sollten folgerichtig die ungläubigen Besatzer aus dem Irak vertrieben werden. Zugleich wurden die ungläubigen Schiiten bekriegt, die nach dem Sturz Saddam Husseins die Macht übernommen hatten.

Die bürgerkriegsähnlichen Zustände im Irak führten letztendlich dazu, dass Teile von al-Qaida zum noch gefährlicheren IS mutierten. Aus »al-Qaida im Zweistromland« wurde der »Islamische Staat Irak« (ISI), aus diesem wiederum der »Islamische Staat im Irak und Syrien« (ISIS), ab 2014 schlicht IS genannt.

In Syrien gelang es dem IS zum ersten Mal, al-Qaida zu überflügeln. Da das Kalifat über ein Staatsgebiet verfügte, in dem ausschließlich das Gesetz Gottes, die islamische Scharia, herrschen sollte, strömten Tausende Dschihadisten aus Saudi-Arabien, Marokko, Tunesien, Libyen, der Türkei oder aus Europa herbei, um den Gottesstaat zu verteidigen.

Doch obwohl der IS zeitweilig über 30.000 Gotteskrieger befehligte, ging das Kalifat militärisch unter. Auch in Zukunft wird al-Qaida einer hoch entwickelten Militärmaschinerie auf offenem Feld nicht trotzen können. Doch alle militärischen Siege bleiben scheinbar Makulatur, denn immer wieder tauchen neue Gruppen auf, die in anderen Ländern im Namen al-Qaidas oder des IS für Allah gegen die Ungläubigen kämpfen oder Terrorakte verüben. Sobald eine Front befriedet scheint, ziehen die Gotteskrieger heuschreckengleich weiter, um an anderer Stelle für die Umma, die bedrohte Gemeinschaft der Muslime, zu kämpfen. Einen sicheren Hafen finden sie in instabilen oder zerfallenden muslimischen Staaten. 2018 ging das US-Außenministerium davon aus, dass der IS bereits Metastasen in Algerien, Libyen, Ägypten, Somalia, Tunesien, Indonesien, Afghanistan, Bangladesch und auf den Philippinen gebildet hat. Al-Qaida-Ableger finden sich in den nordafrikanischen Staaten, im Jemen, in Somalia oder auf dem ägyptischen Sinai.

Längst sind al-Qaida und der IS internationale Netzwerke. Das Ausschalten einzelner – auch wichtiger – Köpfe wie al-Baghdadi kann die Organisationen nicht gefährden. Denn die Ideologie, dass der Dschihad gegen die Kreuzfahrer aus dem Westen und die ungläubigen Regime der Region gerecht und jeder Muslim laut Scharia persönlich dazu verpflichtet sei, im Dschihad gegen die ausländischen Mächte zu kämpfen, lebt weiter. Ohne Zufluss von Muslimen, die an diese Ideologie glauben, wären al-Qaida und der IS längst handlungsunfähig. Der Kampf gegen den Terror kann nur dann gewonnen werden, wenn er auch auf ideologischer Ebene geführt wird. Erst wenn hochrangige islamische Geistliche den kriegerischen Dschihad gänzlich verdammen, wird es wohl keine neuen IS- und al-Qaida-Attentate im Namen Allahs mehr geben. Doch der Weg ist weit. Laut dem US-Thinktank Stratfor warnte Ben Wallace (ab Juli 2019 britischer Verteidigungsminister) bereits 2018 davor, dass al-Qaida erneut versuchen könnte, Anschläge mit Flugzeugen zu verüben.

Fazit: Der IS und al-Qaida sind zwar militärisch immer wieder bezwungen worden, aber ihre Ideologie des gerechten Dschihads gegen die Ungläubigen lebt weiter. Anhänger dieser Ideologie werden auch in Zukunft sicherlich Anschläge im Namen Allahs verüben.

→ **16.**

Warum gibt es so viele
radikal-islamische Gruppen
im Nahen Osten?

←

Die Zahl der radikal-islamischen Gruppen in der Region scheint tatsächlich uferlos. Da wären die Hamas mit geschätzten 20.000 Kämpfern oder der weit kleinere Dschihad Islami in Palästina, die schiitische Hisbollah im Libanon mit bis zu 60.000 Bewaffneten, al-Qaida auf dem Maghreb mit mehreren Hundert Kämpfern, al-Qaida auf der Arabischen Halbinsel mit seinem Stützpunkt im Jemen und ca. 4000 Kämpfern, al-Nusra in Syrien mit einst ca. 10.000 Kämpfern, Hayat Tahrir al-Sham in Syrien mit einst etwa 14.000 Kriegern und natürlich der IS, der immer noch zwischen 3000 und 18.000 Mann stark sein soll, um nur einige wenige zu nennen.

In einen Topf sollte man sie jedoch nicht werfen. Manche haben eine islamistische, andere eine dschihadistische Ausrichtung. Beide Richtungen eint zunächst der Gedanke, dass Muslime nur in einem Land leben sollten, in dem die Scharia, die islamische Rechtsordnung, herrscht. Diese leitet sich aus Koran und Sunna, den Überlieferungen des Propheten, ab sowie den Rechtsansichten der islamischen Gelehrten. Ist die Scharia implementiert, so die Annahme der Radikalen, gewährleistet dies die Herrschaft Allahs, da es sich um ein göttliches Gesetz handelt, das nicht fehlen kann – und das Paradies auf Erden ist nah.

Um dieses Ziel zu erreichen, wählen Islamisten und Dschihadisten jedoch unterschiedliche Wege. Die Islamisten der Muslimbruderschaft, der Hamas und der Hisbollah waren neben dem bewaffneten Kampf auch bereit, an demokratischen Wahlen teilzunehmen. Die Demokratie bleibt allerdings häufig Mittel zum Zweck, um nach der Machtübernahme die Scharia einzuführen. In ihrem Kampf richten sich Islamisten hauptsächlich gegen die eigenen arabischen Regime und natürlich gegen ausländische Besatzer ihrer Länder sowie den Staat Israel. Der Dschihad wird als »Verteidigungsdschihad« definiert, der im arabischen Kernland stattfindet. Das Ziel: eine gerechte islamische Gesellschaft im jeweiligen arabischen Land, in dem die Gruppe kämpft.

Die Dschihadisten von al-Qaida oder des IS lehnen dagegen eine Herrschaft des Volkes, wie es die Demokratie vorsieht, gänzlich ab. Herrschen darf hier allein das göttliche Gesetz. Wer immer dem widerspricht, gilt als vom Glauben abgefallen. Auch Muslime, die mit dem Westen paktieren, werden zu Ungläubigen erklärt und sind dann ebenfalls vogelfrei. Die Herrscher der Region werden daher häufig als »Agenten des Westens« diffamiert. In den Augen der Dschihadisten ist jeder Muslim nach islamischem Recht verpflichtet, den Dschihad gegen die heutigen »Kreuzfahrer«, die in die Region eindringen, und ihre Agenten zu kämpfen. Der Dschihad wird aber auch als »Angriffsdschihad« formuliert, d. h. westliche Mächte dürfen weltweit angegriffen werden. Terrorakte der Gläubigen gelten als gottgefälliges Werk. Das Ziel des Dschihadismus? Die weltweite Herrschaft des Islam.

Dschihadistische und islamistische Gruppierungen lassen sich auf unterschiedliche Urzellen zurückführen. Die Keimzelle des Islamismus im Nahen Osten dürfte die Muslimbruderschaft sein, die sich 1928 in Ägypten gründete. Der Gründer Hassan al-Banna, ein Volksschullehrer, postulierte damals: »Die Ausrüstung des Orients ist Sitte und Glauben, wenn er diese beiden verliert, so verliert er alles, wenn er zu ihnen zurückkehrt, so kehrt alles zu ihm zurück.« Die Rückbesinnung auf den Islam und seine göttliche Scharia sollte die Überlegenheit Europas wettmachen. Schon kurz nach der Gründung der Organisation entstanden im Nahen Osten und später weltweit Ableger, die die Ideologie teilten, sich aber nicht gänzlich gegen die Moderne stellten. Bekannt wurden beispielsweise die Hamas oder die algerische Front Islamique du Salut (FIS, Islamische Heilsfront), die an Wahlen teilnahmen und siegten. Im Laufe der Jahre gewannen die Islamisten vor allem an Reputation, da sie nicht nur kämpften, sondern auch Sozialaufgaben des Staates übernahmen – Hilfe für die Armen leisteten oder Krankenhäuser und Kindergärten erbauten. So gelang es den Islamisten, den radikalen Islam als Alternative zu den nicht funktionierenden staatlichen Institutionen zu etablieren.

Der Dschihadismus zeigt dagegen enge Verbindungen zum Wahhabismus aus Saudi-Arabien auf. Dessen Gründer Mohammed ibn Abd al-Wahhab predigte die strikte Rückkehr zu den Zeiten des Propheten als ultimatives Ziel. Eine wörtliche Auslegung der islamischen Quellen steht an erster Stelle. Wer immer versucht, sie anders zu interpretieren, begeht eine unerlaubte Neuerung und ist vom Glauben abgefallen. Die intolerante Sichtweise der sunnitischen Wahhabiten, die auch immer wieder als Salafisten bezeichnet werden, führt nicht nur zur Feindschaft gegenüber anderen Glaubensgemeinschaften, sondern auch gegenüber den moderaten Muslimen und vor allem den Schiiten.

Der göttliche Dschihad wird als einziger Weg propagiert, sollten Muslime irgendwo auf der Welt in Gefahr sein. Sobald ausländische Mächte Muslime bedrohen, erhalten die Dschihadisten daher Zulauf aus anderen Weltgegenden. Die militärischen Erfolge des IS bis 2014 schienen die Prophezeiung eines Endkampfes zwischen Gläubigen und Ungläubigen zu bestätigten und lockten daher laut des US-Thinktanks

Heritage Foundation allein 4500 westliche Muslime auf die Schlachtfelder des Nahen Ostens.

Sowohl dschihadistische als auch islamistische Gruppierungen würden aber wohl kaum existieren, wenn ihre Vision, die die Implementierung der göttlichen Scharia als Ziel hat, nicht Anklang fände. Die Mehrheit der Muslime im Nahen Osten hält die Einführung ebenfalls für wünschenswert. Laut einer Umfrage des Pew Research Centers von 2013 waren es 91 Prozent im Irak, 89 in den palästinensischen Gebieten, 83 in Marokko, 74 in Ägypten, 71 in Jordanien und 56 in Tunesien. Zwischen 44 und 76 Prozent der Muslime, die die Scharia als Rechtsform wollten, stimmten sogar für die harten körperlichen Strafen wie Auspeitschen oder Händeabhacken. 56 Prozent der Muslime im Nahen Osten wollten, dass glaubensabtrünnige Muslime hingerichtet werden.

Nur, warum setzen auch so viele gemäßigte Muslime auf die Scharia? Gesellschaftliche Missstände – fehlende Sozialsysteme, Arbeitsplatzmangel und Korruption – lassen die islamistische Utopie eines gerechten islamischen Staates auf Basis der Scharia scheinbar attraktiv erscheinen.

Fazit: Islamistische Gruppen profitieren von den Missständen in den arabischen Staaten. Sie offerieren den radikalen Islam als verlockende Alternative. Dschihadisten erhalten immer dann Zulauf, wenn sie zum Kampf gegen ausländische Mächte im Nahen Osten blasen können.

Sind alle Muslime in der Region Terroristen?

Nein, sicherlich nicht. Eine Umfrage des Pew Research Centers aus dem Jahr 2015 zeigt, dass etwa nur 3 Prozent der Jordanier, 6 Prozent der Palästinenser und 8 Prozent der Türken Sympathien für den Terror des IS hegten. Auch der Arab Opinion Index zeigt eine stetige Abnahme der Sympathiewerte für den IS in der Region von im Schnitt 12 Prozent unter den arabischen Ländern im Jahr 2014 auf nur noch 7 Prozent im Jahr 2018. Andere Umfragen belegen, dass die meisten Muslime nicht davon träumen, in den Dschihad zu ziehen, sondern eher davon, endlich Arbeit zu finden.

Selbstmordattentate gegen Zivilisten, »um den Islam zu verteidigen«, lehnen ebenfalls laut Pew Research Center die Mehrheit der Muslime ab, beispielsweise 91 Prozent im Irak, 84 Prozent in Tunesien, 82 Prozent in Jordanien oder 68 Prozent in Ägypten. Allerdings befürwortet eine Mehrheit der Palästinenser Selbstmordattentate gegen Israelis. Gewalt gegen die Besatzer wurde sogar von höchster Stelle der al-Azhar-Universität – der Glaubensinstanz für die sunnitischen Muslime – gebilligt. Sich gegen die Soldaten in die Luft zu sprengen sei kein Selbstmord, sondern eine Märtyrertat, erklärte der 2010 verstorbene Großscheich Tantawi. Gewalt in Form eines defensiven Verteidigungsdschihads gilt auch anderen orthodoxen Geistlichen nach wie vor als durchaus legitim.

Al-Qaida-Attentate wie in London, Madrid oder New York werden dagegen von den orthodoxen Geistlichen und den allermeisten Muslimen schlicht abgelehnt. Eine Auseinandersetzung mit den Motiven der Terrorgruppen und ihren Begründungen, die sich auch auf islamische Quellen beziehen, findet allerdings auch nicht statt. So ergab eine Umfrage des Projekts WorldPublicOpinion.org sieben Jahre nach dem 11. September 2001, dass weite Teile der Jordanier, Ägypter oder Palästinenser immer noch der Ansicht waren, dass nicht al-Qaida hinter den Attentaten steckte, sondern in Wirklichkeit Israel oder die USA. Die Gewalt radikaler Muslime wird häufig einfach negiert mit dem Hinweis, wahrhafte Muslime könnten so etwas nicht tun. Eine Diskussion über die Ideologie des Angriffsdschihads, die die Terroristen beseelt, gibt es bis dato nicht.

Fazit: Natürlich sind nicht alle Muslime im Nahen Osten Terroristen. Die allermeisten lehnen aktive Gewalt im Namen des Islam ab. Allerdings ändert sich das Bild, wenn es sich um einen Dschihad zur Verteidigung der Muslime handelt.

18

Warum fühlen sich viele Touristen so wohl im Nahen Osten?

Falls Sie selber schon einmal in Ägypten, Tunesien oder Marokko waren, werden Sie jetzt vielleicht sagen: »Na ja, alles war auch nicht so toll. Das war schon ein Kulturschock.« Feilschen, bis der Arzt kommt, Frauen, die einen nur durch einen Sehschlitz anschauen, da der Prophet angeblich diese Verschleierung wollte, Terminvereinbarungen, die sich um Stunden verzögern, oder Muslime, die alles stehen und liegen lassen, um schnell zum Gebet zu eilen. Ja, es stimmt: Wer in den Nahen Osten fährt, muss sich auf grundlegend anderes gefasst machen. Nicht zuletzt auf eine Welt, in der das Verhältnis zwischen Frau und Mann ganz anders definiert wird als bei uns. Überschwängliche Begrüßungen männlicher Touristen gegenüber Muslimas haben zu unterbleiben, sonst könnten männliche Angehörige um die Ehre der Frau kämpfen, während weibliche Touristinnen, die einem arabischen Mann ein Begrüßungsküsschen geben wollen, schnell als Freiwild gelten. Und trotzdem berichten Touristen immer wieder begeistert von ihren Urlauben auf dem Sinai, in Kairo, Marrakesch. Aber warum?

Die Gastfreundschaft der Araber sucht ihresgleichen. Der World Giving Index misst jeweils, wie viele Einwohner eines Staates jeweils einem Fremden pro Jahr geholfen haben. 2016 befanden sich auf den ersten fünf Plätzen gleich vier arabische Staaten: Trotz schwierigster Sicherheitslage schaffte es der Irak gleich in zwei aufeinanderfolgenden Jahren auf Platz 1, dahinter folgten das Bürgerkriegsland Libyen und Kuwait. Die Vereinigten Arabischen Emirate landeten auf Platz 5, Deutschland nur auf Platz 22.

Die Aufmerksamkeiten, die man Fremden zukommen lässt, sind mannigfaltig: Zimmerboys bestreuen die Betten der Touristen mit Blütenblättern, falten Kunstwerke aus Handtüchern, Händler laden auf Schritt und Tritt zum Teetrinken ein und vergessen beim Plaudern ihre eigentliche Absicht – das Verkaufen. Hotelbesitzer senken, nachdem man Freundschaft geschlossen hat, überraschend die Preise, bettelarme Araber machen noch Geschenke von ihren wenigen Habseligkeiten. Und immer wieder gibt es Einladungen zum gemeinsamen Speisen. Das Versorgen des Fremden mit allem Lebenswichtigen grenzt ans Bemuttern eines Babys. Kein Wunder, dass viele Reisende sich wie Könige fühlen und immer wieder kommen.

Die Gastfreundschaft ist tief verwurzelt in der arabischen Kultur und der Religion. Schon zu Zeiten des Propheten im 7. Jahrhundert spielte sie auf der arabischen Halbinsel eine wichtige Rolle. Die Beduinen sahen es als ihre Pflicht an, den Fremden als Gast aufzunehmen. Wasser und Nahrung waren lebenswichtig in der unwirtlichen Gegend. Im Koran Sure 2,177 ermahnt Allah die Muslime, den »Söhnen der Straße« von ihrem Besitz zu geben – ebenso in Sure 4,36. Einem Hadith, einer Überlieferung der Aussprüche und Handlungen Mohammeds, zufolge soll der Prophet die Muslime aufgefordert haben, den Gast für »einen Tag und eine Nacht willkommen« zu heißen. Die Gastfreundschaft gelte für drei Tage, alles Weitere sei freiwillig. Gleichzeitig schränkt er ein: Dem Gast ist es nicht erlaubt, so lange zu bleiben, bis er dem Gastgeber zur Last fällt. Die Gastfreundschaft kann auch dann infrage gestellt werden, wenn Einladungen zum Essen nicht angenommen werden oder das Essen liegen bleibt. Dann entsteht Misstrauen gegenüber dem Fremden. Wer sich beim

Aufessen anstrengt und auch nicht mit Lob spart, wird sich dagegen so wohl fühlen wie zu Hause oder vielleicht sogar noch wohler.

Fazit: Trotz schlechter ökonomischer Situation und Sicherheitslage zieht es viele Touristen immer wieder in die Länder des Nahen Ostens. Ein Grund dafür ist sicherlich die sagenhafte, tief in Kultur und Religion verankerte Gastfreundschaft der Einheimischen.

19

Ist die Demokratie die falsche Herrschaftsform für den Nahen Osten?

Es gibt kaum eine Umfrage im Nahen Osten, die nicht belegt, dass sich die Einwohner dort die Demokratie wünschen. Kommt es dann zu echten freien Wahlen, was in dieser Region eher die Seltenheit ist, sind die Ergebnisse leider ernüchternd. Plötzlich gewinnen die Islamisten der Muslimbruderschaft in Ägypten, die radikale Hamas in den Palästinensergebieten, die Hisbollah im Libanon oder das Wahlbündnis des radikalen irakischen Schiitenführers Muqtada as-Sadr viele Sitze oder gleich Mehrheiten. Aber sind das nicht gerade die Feinde einer Demokratie nach westlichem Vorbild? Ist die Demokratie also tatsächlich die falsche Herrschaftsform?

Untersuchungen des Arab Barometers zeigten für 2018, dass acht von zehn Einwohnern im Nahen Osten und in Nordafrika die Demokratie für die beste Regierungsform halten. Allerdings zeigte sich auch, dass der Wunsch nicht gleichgesetzt werden darf mit Vertrauen in die Herrschaft des Volkes. Ein Drittel befürchtete, dass die Demokratie keine Stabilität bieten kann, 40 Prozent meinten, dass sie entscheidungsschwach sei. Mehrheiten in den arabischen Ländern sind gar der Meinung, dass die Bevölkerung gar nicht bereit sei für die Demokratie: 72 Prozent der Tunesier, 53 Prozent der Palästinenser oder 42 Prozent der Algerier sind beispielsweise dieser Ansicht.

Tatsächlich ist das Misstrauen gegenüber der Demokratie durchaus verständlich, denn schließlich gibt es kaum positive Erfahrungen. Acht von 22 arabischen Staaten sind nach

wie vor Monarchien: eine Quote, die in keiner anderen Welt-gegend so hoch ist. Autoritäre Herrscher und ihre Familien halten sich oft über Jahrzehnte an der Spitze. Wahlen dienen ihnen meist nur zum Machterhalt. Die eigentliche Stärke der Demokratie, dass unfähige Herrscher »ohne Blutvergießen ausgetauscht« werden können, wie es einst der Philosoph Karl Popper formulierte, konnten die Araber nur selten erfah-ren. Stattdessen gibt es manipulierte Wahlen, Urnengänge finden nur alle Jubeljahre statt, und politische Gegner landen vor oder nach den Wahlen im Gefängnis.

Auf offene Kritik an den Regierenden – eine der Grundla-gen jeder Demokratie – verzichten viele Araber lieber von sich aus. In Palästina fürchten laut Arab Opinion Index 60 Pro-zent der Befragten negative Konsequenzen für derartige Mei-nungsäußerungen, in Algerien 55 Prozent, in Ägypten 51 Pro-zent, in Kuwait 46 Prozent und in Saudi-Arabien 44 Prozent. Die große Mehrheit beurteilt sich wohl deshalb selbst als »politisch apathisch«.

Müssten also nur die autoritären Regime abdanken, und die Demokratie könnte im Nahen Osten Einzug halten? So einfach ist es leider auch wieder nicht, denn die Herrschaft des Volkes verlangt dem Volk einiges ab: Kompromissbe-reitschaft in politischen Fragen, die Wahl von prodemokrati-schen Parteien, eine Debattenkultur, die bei Dissens nicht zu Gewalt führt, und nicht zuletzt Toleranz gegenüber Anders-denkenden.

Der Arab Opinion Index förderte 2015 in zwölf arabischen Staaten ernüchternde Ergebnisse bezüglich der Toleranz gegenüber dem politischen Gegner zutage. 40 Prozent der Befragten gaben an, sie würden es nicht akzeptieren, wenn bei freien und fairen Wahlen eine Partei an die Macht käme, die sie nicht gewählt haben. Zu groß ist offenbar das Miss-trauen, dass der siegreiche politische Gegner hauptsächlich seine Klientel bedienen könnte und die unterlegene Minderheit vergisst oder unterdrückt.

Am Beispiel des Libanon lässt sich erahnen, welche Schwierigkeiten sich hieraus für die Demokratie ergeben. 18 anerkannte Religionsgemeinschaften leben hier. Jeweils ca. 30 Prozent sind Sunniten und Schiiten, etwa 35 Prozent Christen. Der Frieden kann nur durch ein Proporzsystem gesichert werden. Der Präsident muss ein maronitischer Christ sein, Parlamentspräsident ein Schiit, der Regierungschef ein Sunnit. Jeder steht für seine eigene Klientel und bedient diese. Auch die Parlamentssitze werden zur Hälfte auf Christen und Muslime aufgeteilt. Am Proporz darf nicht gerüttelt werden, selbst wenn sich die Bevölkerungsmehrheiten ändern sollten, sonst könnte es schnell zu kriegerischen Auseinandersetzungen kommen. Bis zu einem toleranten demokratischen Miteinander ist es noch ein weiter Weg.

Aber auch der Wunsch vieler Muslime, dass Glaube und Politik keinesfalls getrennt werden dürfen, scheint einem Demokratieverständnis nach westlichem Vorbild zu widersprechen. Immerhin 62 Prozent der befragten Araber im Nahen Osten würden laut Arab Opinion Index zustimmen, sollten Islamisten durch Wahlen an die Macht kommen, dagegen nur 42 Prozent, wenn säkulare Parteien siegten. Grundsätzlich müssen gläubige Muslime natürlich nicht Demokratiefeinde sein. Anders sieht es allerdings aus, wenn sie im Sinne der Islamisten die Einführung der Scharia, der islamischen Rechtsordnung, fordern. Da die Scharia kein ausformuliertes Gesetzbuch ist, können so de facto die Islamgelehrten herrschen: Sie legen aus, was Allah für Recht hält und was nicht. Einer Demokratie mit parlamentarischen Gesetzgebern läuft dies zuwider.

So kontrolliert beispielsweise im Gottesstaat Iran der Wächterrat mit seinen islamischen Gelehrten, ob die Gesetze des Parlaments den Prinzipien des Islam entsprechen. Auch ob Kandidaten für Präsidentschafts- oder Parlamentswahl überhaupt zugelassen werden, wird hier entschieden. Eine pluralistische Demokratie, die alle Bevölkerungsgruppen repräsentiert und den Willen des Volkes wiedergeben soll, sieht anders aus.

Fazit: Viele Muslime im Nahen Osten wünschen sich die Demokratie, doch die Voraussetzungen – Toleranz gegenüber Andersdenkenden sowie Trennung von Politik und Glauben – sind kaum gegeben. Weite Teile fordern die Einführung der Scharia als Gesetz, was die Rolle freier demokratischer Parlamente stark einschränken würde.

20

Ist der Islam die Ursache oder die Lösung aller Probleme?

Mit dem Slogan »Al-Islam huwa al-hal« (der Islam ist die Lösung) siegten die radikal-islamische Hamas und die islamistische Muslimbruderschaft in freien demokratischen Wahlen in Palästina und Ägypten 2006 und 2012. Regelmäßig unterschätzen säkulare westliche Politiker, welche Rolle die Religion im Nahen Osten spielt. Laut Arab Opinion Index 2017/2018 bezeichneten sich 64 Prozent der Bewohner des Nahen Ostens und Nordafrikas als religiös. Viele wollen bis heute keine Trennung von Staat und Religion, der Glaube gilt auch als Heilsbringer für das Staatswesen.

Nicht zu Unrecht, wie der Blick in die Vergangenheit zeigt. Der Islam hat seit Jahrtausenden eine ordnende Funktion in der Region. Er steht für Sicherheit, Recht und Ordnung. Schon nach seiner Auswanderung nach Medina im Jahr 622 fungierte der Prophet Mohammed als Schiedsrichter zwischen verfeindeten Clans und Stämmen. Die Offenbarungen des Korans belegen, dass er die letzte Instanz in Rechtsfragen sein sollte.

Unter dem Banner des Islam gelang Mohammed, was seither kaum mehr gelungen ist: die Sippenbindung der Araber aufzusprengen. Selbst Anhänger verfeindeter Familien schlossen sich ihm an sowie christliche und jüdische Stämme. Die schnelle Ausbreitung des Islam nach Mohammeds Tod wird in der islamischen Welt allgemein als Zeichen der Stärke und Einheit der Muslime gefeiert. Bis heute sehen sich viele gläubige Muslime lieber als Teil der Umma, der weltweiten Gemeinschaft der Muslime, denn als Ägypter, Iraker oder

Libanesen. Der Islam hat in seinen Ursprüngen etwas geschaffen, was die stark zersplitterten arabischen Gesellschaften danach vergeblich suchten: Brücken zwischen den teils verfeindeten ethnischen oder religiösen Gruppierungen.

Die einstige Größe der Glaubensgemeinschaft wiederherzustellen ist das erklärte Ziel radikaler Muslime. Im Kampf gegen den wirtschaftlich-technologisch überlegenen Westen soll die Rückbesinnung auf den Islam und seine moralischen Werte die Muslime noch einmal einen und zu neuer Größe führen. Besonders die »Salafisten« (rechtschaffene Altvordere) verlangen eine Rückkehr ins »goldene« Zeitalter Mohammeds. Allah soll wieder Souverän im Staat sein und nicht das Volk. Die Scharia soll die Gottesherrschaft ermöglichen. Nach Ansicht der Islamgelehrten handelt es sich um göttliches Recht, da die Scharia sich auf die Worte Gottes, festgehalten im Koran, und die Sunna, die Taten und Aussprüche Mohammeds, stützt. Flexibel ist das göttliche Gesetz nur da, wo Islamgelehrte keine eindeutigen Verbote oder Gebote in den Urquellen gefunden haben und zu eigenen Schlüssen gelangt sind. Die brachialen Strafen für islamische Kapitalverbrechen – sogenannte Hudud-Delikte, wie Diebstahl, außerehelicher Geschlechtsverkehr oder der Abfall vom Glauben – sind dagegen kaum veränderbar, da sie auf den Urquellen fußen. So kann im Iran außerehelicher Geschlechtsverkehr nach wie vor mit Steinigung geahndet werden, ebenso im strengreligiösen Saudi-Arabien.

Die Scharia geht aber weit über eine gewöhnliche Gesetzgebung hinaus, da sie nicht nur fehlerhaftes Verhalten mit Strafen belegt, sondern regelt, wie die ideale islamische Gesellschaft überhaupt sein sollte, wie sich die Geschlechter untereinander zu verhalten haben, welche Kleidung und welches Essen noch islamkonform ist, was »halal« (erlaubt) und was »haram« (verboten) ist.

Zu Zeiten Mohammeds war der Islam als ordnende Kraft sicherlich fortschrittlich. Auch Christen und Juden galten hier als privilegiert. Sie mussten zwar eine Kopfsteuer zahlen, wurden aber nicht wie Gläubige anderer Konfessionen zum Übertritt gezwungen. Aber kann diese islamische Ordnung in modernen Zeiten noch Frieden schaffen?

In den Staaten des Nahen Ostens müssen Sunniten, Schiiten, Alawiten, maronitische Christen, christliche Kopten, Drusen oder Bahai miteinander auskommen. Längst wollen Christen und Juden keine Kopfsteuer mehr bezahlen, Alawiten oder Bahai nicht mehr als Ungläubige, sondern als Andersgläubige bezeichnet werden. Ja, sie fordern sogar politische Teilhabe und Gleichberechtigung. Das göttliche Recht der Scharia kann ihnen dies nicht bieten, da es nur für Muslime gilt. In einer pluralistischen Gesellschaft kann wohl nur die repräsentative Demokratie gewährleisten, dass alle vor dem Gesetz gleich sind.

Sind also Islam und Demokratie unvereinbar, wie Samuel P. Huntington postulierte? Der berühmte, 2008 verstorbene Harvard-Professor hatte sicherlich recht, wenn im Sinne der Islamisten der Islam als Gesetzesreligion gelebt werden soll. Denn dann würde die Scharia über den von Menschen gemachten Gesetzen thronen. Die »Ungläubigen« müssten sich dem göttlichen Recht unterwerfen. Im Gegenzug könnten aber islamische Parteien, die auf die Einführung der Scharia verzichten, eine Demokratie bereichern. Sie vertreten schließlich die Werte vieler Muslime und gelten als moralische Instanz gegen die weitverbreitete Korruption.

Fazit: Wird der Islam als Gesetzesreligion basierend auf der Scharia verstanden, widerspricht dies den Prinzipien der Demokratie. Als Glaube, der sich nur als eine Stimme im politischen Konzert versteht, kann er dagegen Teil der Demokratie sein.

21

Ist die arabische Familie der Hort der Glückseligkeit oder der Ursprung aller Konflikte?

Im Nahen Osten gib es kaum etwas, das über der Familie steht. Das Schicksal des Einzelnen zählt nur wenig, das der Familie umso mehr. Sie ist die wichtigste soziale Institution der Gesellschaft. Je größer die Familie ist und je besser ihr Ruf, desto mehr können sich auch ihre Mitglieder von der Zukunft erhoffen. Das Ansehen der Familie und ihre Ehre gilt es daher mit allen Mitteln zu verteidigen.

Dass die Familie für den Einzelnen identitätsstiftend ist, zeigen schon die arabischen Namen. So nannte sich der einstige Emir von Katar Hamad bin Khalifa bin Hamad bin Abdullah bin Jassim bin Mohammed al-Thani, was so viel heißt wie Hamad, der Sohn des Khalifa, der Sohn des Hamad, der Sohn des Abdullah, der Sohn des Jassim, der Sohn des Mohammed aus dem Stamm der Thani. Nach dem eigenen Namen folgen der des Vaters, des Großvaters, des Urgroßvaters und so weiter und schließlich die Zugehörigkeit zum Stamm. Jeder traditionsbewusste Araber sieht sich nicht nur als Mitglied einer Kernfamilie, sondern als Teil eines Clans, also eines Verbands mehrerer verwandter Familien, und eines Stammes, der wiederum aus verschiedenen Clans besteht und sich auf einen gemeinsamen Urvater beruft. Ob die Verwandtschaftsverhältnisse über die Jahrhunderte tatsächlich so bestanden haben, ist in der Regel nur schwer nachzuweisen.

Eine Ahnenlinie, die viele angesehene Mitglieder aufweist, ist maßgebend für den Ruf der Familie. So führten die Könige in Jordanien und die Scherifen, die Mekka kontrollierten, stets ihre Linie auf den Propheten zurück, da sie dem Clan der Haschemiten angehörten. Dieser gehörte wiederum zum Stamm der Quraisch in Mekka, zu denen auch Mohammed zählte.

Die Zugehörigkeit zu einem dermaßen weitverzweigten Verwandtschaftsnetz bringt ohne Zweifel enorme Vorteile mit sich. Zunächst die soziale Sicherheit für den Einzelnen. Gerät er in Not, muss der ganze Clan helfen. Aber auch Sicherheit vor Angriffen durch Fremde, da nun der Clan oder sogar der Stamm zur Verteidigung aufgerufen ist. Außerdem fungiert das familiäre Netzwerk als Heiratsmarkt. Nach einer Studie in der britischen Fachzeitschrift *Reproductive Health* von 2009 werden in der arabischen Welt 25 bis 30 Prozent aller Ehen zwischen Cousins und Cousinen ersten Grades geschlossen. Die Ehen sollen die Verwandtschaftsbande weiter stärken.

Kritiker geben zu bedenken, dass genau dieses Clan- und Stammesdenken eine mögliche Demokratisierung des Nahen Ostens verhindert, ja sogar der Ursprung aller Konflikte sei. Ein altes arabisches Sprichwort besagt schließlich: »Ich und mein Bruder gegen meinen Cousin, ich und mein Cousin gegen den Fremden.« Je nach Konfliktlage kann es tatsächlich zu unterschiedlichsten Allianzen in der Verwandtschaft kommen, um drohende Gefahren abzuwenden. Bei Streitigkeiten wird jeweils nur die Stufe alarmiert, der beide Konfliktparteien angehören: meine Familie gegen eine andere Familie, mein Clan gegen einen anderen Clan oder mein Stamm gegen einen anderen Stamm, lautet das Prinzip. Somit kann der Konflikt prinzipiell auf der jeweiligen Stufe eingedämmt werden. Potenzielle Angreifer von außerhalb des Familienverbands werden zudem abgeschreckt, da sie wissen, dass sie es mit einer gleich großen Kraft zu tun bekommen. Der amerikanische Anthropologe Philip Carl Salzman hat das Phänomen untersucht und spricht von einer »Opposition, die sich im Gleichgewicht befindet«. Dem feindlichen anderen wird eine jeweils gleich große Macht gegenübergestellt.

Allerdings stehen die Familienverbände mit dem Staat und seinen Institutionen, die eigentlich Sicherheit für alle bieten sollten, auf dem Kriegsfuß. »Menschen im Nahen Osten sehen den Staat als kriminelle Organisation an, der man misstrauen und die man, sofern möglich, erobern muss«, resümiert Salzman. So entführten Stämme im Jemen in den Neunzigerjahren immer wieder ahnungslose Ausländer. Es ging nicht nur um Lösegelder, sondern um die Erpressung der eigenen Regierung. Entweder sollten inhaftierte Stammesmitglieder freigelassen werden oder der Staat wichtige Straßen- oder Brunnenprojekte in den Stammesgebieten der Entführer vorantreiben.

Eine Unterordnung der Stämme unter die Staatsgewalt verbietet ihnen auch das Prinzip der Ehre. Sie definiert sich nicht zuletzt über die Unabhängigkeit des Stammes von anderen Autoritäten. Die Loyalität gegenüber der eigenen Familie, dem Clan oder dem Stamm ist in der Regel weitaus stärker als die Loyalität gegenüber dem Staat. Eine Zentralgewalt muss hier zwangsläufig scheitern. Salzman beschreibt das Dilemma wie folgt: »Eine Regierung gilt nur dann als zufriedenstellend, wenn sie ausschließlich in den Händen einer Gruppe ist, und immer als unbefriedigend, wenn sie in den Händen einer anderen ist.« Das Gleichgewicht der oppositionellen Netzwerke lässt einen gesamtgesellschaftlichen Konsens kaum vorstellbar erscheinen. Im Vordergrund stehen die Partikularinteressen der einzelnen Stämme und nicht das Gemeinwohl der Nation.

Der britische Botschafter Sir Andrew Green, der viele Jahre in Syrien und Saudi-Arabien als Diplomat lebte, kam sogar zu dem Schluss, dass die Familienloyalität einen funktionierenden Staatsapparat verhindert. Wer Probleme habe, versuche diese über die Familie oder den Stamm zu lösen statt über staatliche Institutionen.

Müssen also die Regime in der Region autoritär sein, um die heterogenen Stammesgesellschaften mit Gewalt zu einen? Nein, sicherlich nicht. Würden die Regierungen des Nahen Ostens und ihre Institutionen für Gleichheit vor dem Gesetz sorgen, soziale Sicherheit und politische Teilhabe garantieren, könnte die Stammeskultur Stück für Stück an Bedeutung verlieren. Während auf dem traditionell konservativen Land die Familienbande nach wie vor an oberster Stelle stehen, leben in den Städten bereits Menschen, zumeist aus den gebildeten säkularen Schichten, die sich aus dem engen Korsett gelöst haben und den Individualismus des Westens leben. Noch handelt es sich aber eher um kleine Minderheiten.

Fazit: Die arabische Stammeskultur stellt sicherlich ein Hindernis für einen modernen Staat nach westlichem Vorbild dar, da eine Zentralmacht von den Stämmen, die Autonomie suchen, abgelehnt wird. Die Loyalität gilt nach wie vor der eigenen Familie.

22

Warum bekriegen sich eigentlich Schiiten und Sunniten im Nahen Osten?

Ein Selbstmordattentäter, vermutlich ein sunnitischer IS-Kämpfer, sprengt sich vor der schiitischen Moschee Imam Mahdi al Muntadhar im Osten Bagdads in die Luft, zehn Schiiten sterben, schiitische Milizen erschießen nördlich der Stadt Falludscha 17 Männer eines sunnitischen Stammes, am Aschura-Tag, an dem die Schiiten in Kerbala des Todes von Imam Hussein gedenken, tötet vermutlich die sunnitische Terrororganisation al-Qaida über 170 schiitische Gläubige... Die Liste der Gewalttaten zwischen Sunniten und Schiiten ließe sich mühelos fortschreiben. Aber taumelt der Nahe Osten deswegen gleich in einen Religionskrieg, wie manche Kommentatoren behaupten? Sind alle Sunniten und Schiiten vom Hass auf die andere Religionsgruppe beseelt und zu Massakern bereit?

Tatsächlich ist das Verhältnis zwischen Sunniten und Schiiten ein belastetes. Gleich nach dem Tod des Propheten im Jahr 632 n. Chr. entbrannte der Streit um die Nachfolge. Eine Gruppe Muslime sprach sich vehement für Abu Bakr aus, einen treuen Anhänger Mohammeds, der zugleich dessen Schwiegervater war. Er wurde der erste Kalif. Seine Anhänger werden heute Sunniten genannt, da sie neben dem Koran der Sunna, den überlieferten Handlungen und Worten des Propheten, folgen. Der gewählte Kalif muss in ihren Augen keine direkte Verwandtschaft zu Mohammed nachweisen.

Ganz anders sahen das die Anhänger von Ali ibn Abi Talib, einem Vetter und Schwiegersohn des Propheten. Ihrer Meinung nach konnte nur Ali als enger Blutsverwandter Nachfolger Mohammeds werden. Sie werden bis heute Schiiten genannt, was sich von Schia (»Partei Alis«) ableitet.

Sehr zum Verdruss der Schiiten durfte Ali aber erst als vierter Kalif Mohammeds Nachfolge antreten. Die ersten drei Kalifen gelten ihnen bis heute als unrechtmäßige Usurpatoren. Doch Alis Regentschaft war nur von kurzer Dauer. Bereits 661 n. Chr. wurde er im irakischen Kufa ermordet. Seinen beiden Söhnen Hasan und Hussein – Letzterer war ein Enkel des Propheten – wurde die Herrschaft über die Muslime erneut verweigert. Vor allem der grausame Tod Husseins in der Schlacht von Kerbela durch sunnitische Machthaber im Jahr 680 führte maßgeblich zum endgültigen Bruch der beiden großen religiösen Richtungen des Islam. Die Schiiten sehen in ihm nach Ali und Hasan den dritten Imam, den rechtmäßigen religiösen Führer der muslimischen Gemeinschaft. Die größte Gruppe unter den Schiiten, die sogenannte Zwölfer-Schia, geht davon aus, dass insgesamt zwölf Nachkommen aus der Familie des Propheten religiöse Führer sein werden. Der Zwölfte soll wie durch ein Wunder bis heute im Verborgenen leben und bei seiner Rückkehr endlich den Muslimen eine gerechte Herrschaft bringen.

Am Aschura-Tag gedenken die Schiiten jedes Jahr aufs Neue in Kerbala mit blutigen Selbstgeißelungen des Todes ihres dritten Imams Hussein. Einige Schiiten verfluchen noch heute bei den Aschura-Feiern rituell die ersten drei Kalifen. Die Trauerfeiern verkörpern das Leiden der Schiiten, die sich als unterdrückte Minderheit sehen. Tatsächlich stellen sie weltweit nur ca. 15 Prozent der Muslime, die Sunniten dagegen etwa 80 Prozent. In Saudi-Arabien, Ägypten und Jordanien sind ca. 90 Prozent der Muslime sunnitisch, mehrheitlich sunnitisch sind auch Katar, die Vereinigten Arabischen Emirate, die Palästinensergebiete und die Türkei. Die Schiiten stellen dagegen ca. 90 Prozent der Bevölkerung im Iran und ca. 65 Prozent im Irak und Bahrain. Minderheiten leben im Jemen, in Kuwait und Syrien.

Im Laufe der Jahrhunderte ging es Sunniten und Schiiten neben den unterschiedlichen Auslegungen des Glaubens wohl hauptsächlich um die Legitimität der Herrschaft. So rief die schiitische Dynastie der Fatimiden (909–1171 n. Chr.) im Maghreb ein Gegenkalifat zum Kalifen in Bagdad aus, das sie über Ägypten und Syrien ausweiteten. Die schiitische Dynastie der Safawiden konnte im Iran herrschen (1501–1722 n. Chr.), weil es ihr gelang, die persischen Sunniten zur Zwölfer-Schia zu bekehren. Seit der Islamischen Revolution 1979 im Iran, die von Ajatollah Khomeini angeführt wurde, sieht sich der Iran als Schutzmacht aller Schiiten. Im Libanon unterstützt er die schiitische Hisbollah, im Irak einflussreiche schiitische Geistliche, im Jemen die schiitischen Huthi-Rebellen und in Syrien die herrschenden Alawiten, die sich einst vom Schiitentum abgespalten haben.

Saudi-Arabien mit seinen Heiligtümern Mekka und Medina sieht sich wiederum berufen, die bestehende Vorherrschaft der Sunniten im Nahen Osten zu sichern. Von hier aus soll ein schiitischer Machtzuwachs des Iran in der Region zurückgedrängt werden. Seit 2015 werden die schiitischen Huthi im Jemen bombardiert. Eine schiitische Minderheit in Saudi-Arabien wird systematisch unterdrückt, schiitische Kleriker sogar hingerichtet. Antischiitische Propaganda der erzkonservativen sunnitischen Wahhabiten bezichtigt die Schiiten nach wie vor der Illoyalität gegenüber den Herrschern, da sie in der Geschichte die ersten drei Kalifen ablehnten.

Leidtragend ist vor allem die Zivilbevölkerung. Denn jahrzehntelang haben Sunniten und Schiiten in der Region auch friedlich nebeneinandergelebt. Es gab sogar Hochzeiten zwischen den Angehörigen beider Richtungen. Doch die Herrschenden oder auch radikale Gruppierungen heizten den Hass auf die andere Seite immer wieder an, um ihre Position zu stärken. Eine Umfrage des Pew Research Centers von 2012 zeigte, dass die Strategie fruchtet. Große Teile der sunnitischen Bevölkerung im Irak (62 Prozent), in Ägypten (52 Prozent), Tunesien (44 Prozent) oder den Palästinensergebieten (41 Prozent) gaben an, dass Schiiten für sie gar keine Muslime seien. Dieses Empfinden machen sich Terrorgruppen wie al-Qaida oder der IS zunutze. Sie propagieren ebenfalls, dass die Schiiten vom Glauben abgefallen und folglich vogelfrei seien.

Fazit: Autokraten und Dschihadisten heizen den uralten Disput zwischen Sunniten und Schiiten an, um ihre eigene Machtposition zu stärken.

23

Will der Iran die Weltherrschaft?

Irans Revolutionsführer Großajatollah Khomeini (1902–1989) war nicht nur wegen seiner bedrohlich zusammengezogenen Augenbrauen und dem finsteren Blick eine sinistre Gestalt, auch seine Rhetorik hatte es in sich, drohte er doch der Welt unverhohlen: »Unser Ziel ist es, den Einfluss des Islam weltweit zu verbreiten.« Die »korrupten Wurzeln des Zionismus, des Kapitalismus und des Kommunismus« sollten verdorren, stattdessen »die islamische Ordnung des Propheten« herrschen. Die markigen Worte verhallten nicht ungehört, schließlich hatte Khomeini bewiesen, dass ihnen auch Taten folgten. 1979 hatte er der Islamischen Revolution im Iran zum Sieg verholfen, die Monarchie des Schahs beseitigt, die Großmacht USA, die den Schah stützte, düpiert und in Windeseile einen Gottesstaat erschaffen, in dem die Geistlichkeit das Sagen hatte.

Der schiitische Mullah-Staat strahlte ohne Zweifel weltweit und vor allem im Nahen Osten Schockwellen aus. So signalisierte er allen radikalen Muslimen, dass der Sieg des Islam über prowestliche Kräfte in den Ländern des Nahen Ostens möglich war. Aber auch Khomeinis Kampfansage an die USA, den größten Feind des Islam, »der die muslimische Nation unterdrückt«, und an den amerikanischen Verbündeten Israel beflügelte alle islamistischen Kräfte im Nahen Osten. In den freien Demokratien des Westens weckte die Drohung, dass der Islam als einzig wahre Religion herrschen solle, dagegen düsterste Befürchtungen. Auch nach dem Tod Khomeinis

1989 wurde sie stets wiederholt. So berichtete der Iran-Experte Amir Taheri, wie Präsident Ahmadinedschad 2008 vor Strenggläubigen in der Provinz die Großmachtansprüche noch einmal untermauerte: »Heute weiß jeder, dass der Iran die erste Macht auf der Welt ist. Wir stehen gegen den Großen Satan, die USA, und wir sind nicht alleine.« Auch Israel werde schon bald von der Landkarte verschwinden. 2018 wurde zum ersten iranischen »International Hourglass Festival« für Künstler geladen, auf dem die Veranstalter den Untergang des jüdischen Staates als Motto ausgaben. Innerhalb von 25 Jahren werde Israel verschwunden sein, so die Prophezeiung.

Müssen also die freiheitlich-demokratischen Staaten tatsächlich zittern, allen voran die USA und Israel? Zu einem offenen militärischen Schlagabtausch mit dem Iran ist es bislang nicht gekommen. Die iranischen Mullahs bevorzugen einen asymmetrischen Krieg. Seit 1984 steht der Iran als Terrorunterstützer auf der schwarzen Liste des US-Außenministeriums, weil er Dutzende Anschläge im Ausland selbst oder durch seine Vasallen verübt haben soll: 1983 starben 63 Menschen bei einem Anschlag auf die US-Botschaft in Beirut. Vermutlich wurde der Anschlag, den die verbündete Hisbollah ausführte, vom Iran finanziert. 1989 scheiterte ein Attentat auf Salman Rushdie in London. Der Iran hatte ein Kopfgeld auf ihn ausgesetzt wegen seines »blasphemischen« Romans *Die satanischen Verse*. 1992 wurden im Berliner Lokal *Mykonos* vier iranische Oppositionelle erschossen. Der iranische Ex-Präsident Banisadr, einstiger Wegbegleiter Khomeinis, belastete Teheran schwer. Er behauptete, dass derlei Terrorakte nie ohne Absegnung des geistlichen Führers durchgeführt würden. 1996 kam es zu Anschlägen im saudischen Khobar, wo sich US-Truppen aufhielten. Nach dreijähriger Untersuchung beschuldigte das FBI den Iran als Drahtzieher. 2012 scheiterte ein Bombenanschlag auf israelische

Diplomaten in Neu-Delhi. Die dortige Polizei ging davon aus, dass die Iranische Revolutionsgarde hinter der Tat steckte. 2015 entdeckten Sicherheitskräfte in Bahrain eine Bombenwerkstatt, die in Verbindung zur Iranischen Revolutionsgarde stehen soll. Der iranische Botschafter musste sofort das Land verlassen.

Die aufgezählten Untaten sind natürlich kaum geeignet, die Weltherrschaft zu erlangen, aber über die Finanzierung radikaler Gruppierungen konnte der Iran sein wirkliches Ziel – wichtigste Regionalmacht im Nahen Osten zu werden – teilweise realisieren. Die Strategie scheint klar: Destabilisierung der sunnitischen Regierungen in der Region und Einflussnahme bei den schiitischen Machthabern. Nach Beginn des Arabischen Frühlings unterstützte der Iran massiv den syrischen Machthaber Baschar al-Assad mit Kämpfern und Militärberatern. Das US-Außenministerium taxiert die Unterstützung auf 21 Milliarden Dollar. Der Alawit Baschar sollte unbedingt an der Macht bleiben, um zu verhindern, dass sunnitische Kräfte in Syrien die Oberhand gewännen. Die Alawiten zählen als Sekte zu den Schiiten.

Auch die radikal-schiitische Hisbollah im Libanon wird alimentiert. Laut der Zeitung Asharq al-Awsat hat der Iran den Islamisten 11.500 Raketen zukommen lassen und 3000 Kämpfer im Iran trainiert. Jährlich sollen die Mullahs die Gotteskrieger im Libanon mit Hunderten Millionen Dollar unterstützen. Nach dem Sturz Saddam Husseins konnte der Iran auf den Irak besonders während der Regierungszeit des Schiiten Nuri al-Maliki Einfluss nehmen, der 1982 vor Saddam Hussein ins iranische Exil geflohen war. Inzwischen erwehren sich die Iraker allerdings des iranischen Einflusses. Über die Finanzierung der radikalen Hamas und des Dschihad Islami kann der Iran außerdem jederzeit Druck auf Israel ausüben.

Derzeit am wichtigsten erscheint aus iranischer Sicht die Unterstützung der schiitischen Huthi-Rebellen im Jemen. Hier können die Mullahs den direkten Konkurrenten um die Vorherrschaft im Nahen Osten, das konservative Königreich Saudi-Arabien, bekriegen, ohne dass es zum direkten Waffengang kommt. So erhalten die Huthis Waffen für ihren Kampf gegen die sunnitische Zentralregierung, die wiederum von Saudi-Arabien militärisch gestützt wird. Drohnen, die die Huthis einsetzen, sind den iranischen verdächtig ähnlich, wie eine Expertenkommission der UN feststellte. Sollten die Huthis tatsächlich siegen, droht sich das Machtverhältnis im Nahen Osten weiter zugunsten des Iran zu verschieben. Eine Weltherrschaft wird es aber weiterhin nur in der Rhetorik der herrschenden Mullahs geben.

Fazit: Der Iran mag verbal eine Weltherrschaft anstreben, de facto geht es ihm aber um die Vorherrschaft im Nahen Osten. Hier konkurriert das schiitische Mullah-Regime mit dem sunnitischen konservativen saudischen Königshaus.

24

Kommt es zum Krieg zwischen dem Iran und den USA, und was wären die Folgen?

Wer nach gesundem Menschenverstand urteilt, muss eigentlich zu dem Schluss kommen, dass weder das radikal-islamische Regime im Iran noch die US-Regierung einen offenen Krieg wagen dürfte. Zu groß wären wohl die Verluste auf beiden Seiten. Um einen Regimewechsel im Iran herbeizubomben, müssten die USA gleichzeitig Bodentruppen einsetzen, signalisieren Militärberater. Die Abenteuer in Afghanistan und im Irak zeigen jedoch, dass hierauf leicht jahrzehntelange, kostspielige Stationierungen der Truppen folgen. Dagegen würde das Regime der Mullahs im Iran seine gerade erst ausgebaute Machtstellung in der Region aufs Spiel setzen.

Also wird es keinen Krieg geben? Leider entwickeln sich Kriege sehr selten nach den Gesetzen der Ratio. Stück für Stück können Kontrahenten in einen bewaffneten Konflikt schlittern, wenn das Säbelrasseln zu laut wird, Ängste verbal geschürt werden und es zu militärischen Provokationen kommt. Die iranische und amerikanischen Außenpolitik weisen hier schon durchaus beunruhigende Eskalationsschritte auf.

2018 kündigten die USA einseitig den Joint Comprehensive Plan of Action (JCPOA) mit dem Iran, den das deutsche Auswärtige Amt noch als »eine Sternstunde der Diplomatie« gefeiert hatte. Das Atomabkommen von 2015 sollte garantieren, dass der Iran seine Nuklearkraft nur zu friedlichen Zwecken einsetzt. Mit erneuten Sanktionen wollen die USA das Regime offensichtlich ganz in die Knie zwingen. Das Kalkül:

Eine ökonomische Krise soll zum Aufstand der Bevölkerung gegen die religiösen Herrscher führen. Tatsächlich leidet die iranische Wirtschaft, iranisches Öl findet kaum noch Abnehmer auf dem Weltmarkt. In die Ecke gedrängt, schraubt der Iran nun wieder Stück für Stück seine Urananreicherung in die Höhe, was den Gottesstaat über kurz oder lang zum Bau einer Atombombe befähigen wird.

Inzwischen gibt es besorgniserregende militärische Scharmützel. So kam es in der Straße von Hormus zu Anschlägen mit Haftminen auf Öltanker. Die Meerenge ist eine der sensibelsten Stellen der Weltwirtschaft, etwa 33 Prozent des weltweit mit Schiffen transportierten Öls werden von hier aus verschifft. Kommt die Schifffahrt zum Erliegen, erwarten Experten einen drastischen Anstieg des Ölpreises. Die Versicherer der Tanker halten es für sehr wahrscheinlich, dass die Iranische Revolutionsgarde die Tanker angegriffen hat. »Solange wir unser Öl exportieren können, bleibt Hormus offen, wenn nicht, gibt es dafür keine Logik mehr«, hatte ein Kommandeur der Iranischen Revolutionsgarde unmissverständlich gedroht. Nur kurze Zeit später schoss das iranische Militär eine US-Drohne über dem Meer ab, die USA liebäugelten bereits mit einem Vergeltungsschlag auf iranischem Territorium, wie Präsident Trump zugab.

Im September 2019 die nächste Eskalationsstufe: Jemenitische Huthi-Rebellen griffen mit Drohnen Saudi-Arabiens wichtigste Ölanlage an. Die saudische Erdölproduktion sank um 50 Prozent. Da der Iran die Rebellen mit Waffen und Know-how beliefert, liegt der Verdacht nahe, dass der Angriff vom Iran aus gesteuert wurde, um zu demonstrieren, wie leicht er die weltweite Ölversorgung drosseln kann, und so ein Einlenken der USA zu erzwingen. Nach der Attacke verstärkten die USA noch einmal ihre Militärpräsenz am Persischen Golf.

US-Militärstrategen gehen davon aus, dass der Iran auch weiterhin auf einen asymmetrischen Krieg in der Region setzen wird statt auf eine offene Auseinandersetzung mit den USA. Über die verbündete Hisbollah, das syrische Assad-Regime oder Schiiten-Milizen im Irak können die Mullahs an verschiedenen Ecken im Nahen Osten Feuer legen, dort zivile oder militärische Ziele der Amerikaner attackieren. Als die USA im Januar 2020 mit Hilfe einer Drohne den hohen iranischen General Qasem Soleimani im Irak töten, kommt dies einem Paukenschlag gleich. Umgehend beschießen der Iran und schiitische Milizen Militärposten im Irak, die auch die Amerikaner benützen.

Sollte sich die US-Regierung für Luftschläge gegen militärische Einrichtungen im Iran entscheiden, dürfte dies kaum zum Kotau der Mullahs führen. Ähnlich wie Saddam Hussein, der selbst im Angesicht einer Invasion nicht zugeben wollte, dass er überhaupt keine Massenvernichtungswaffen besaß, würden die religiösen Machthaber wohl versuchen, jedes Zeichen von Schwäche zu vermeiden, um so ihr Gesicht zu wahren. Zum Einsatz von US-Bodentruppen dürfte es wohl dann kommen, wenn der Iran tatsächlich davorstünde, eine Atombombe zünden zu können. Vor der Unterzeichnung des Atomabkommens ging der deutsche Bundesnachrichtendienst noch davon aus, dass der Iran innerhalb von sechs Monaten eine Bombe bauen könne, da er bereits über reichlich angereichertes Uran verfügte. Die iranische Bombe würde wohl auch Israel schnell auf den Plan rufen. Schon mehrmals hat der jüdische Staat einen Angriff auf Nuklearanlagen im Iran erwogen.

Ein offener Krieg der USA mit dem Iran wäre im Vergleich zur Irak-Invasion »eine Katastrophe«, warnt Ex-Verteidigungsminister Robert Gates. Die Federation of American Scientists (FAS) schätzt, dass allein die ersten drei Monate

2 Billionen US-Dollar verschlingen könnten. Während der Irakkrieg die Ölpreise von 23 Dollar pro Fass im Jahr 2003 auf 140 Dollar pro Fass im Jahr 2008 in die Höhe trieb, vermuten Wirtschaftsexperten diesmal einen Anstieg auf bis zu 250 Dollar. Bei einer Bodenoffensive mit mehreren Hunderttausend Soldaten würden Tausende US-Soldaten und Iraner sterben. Da der Iran über Raketen mit Reichweiten zwischen 300 und 2500 Kilometern verfügt, könnte das Regime sogar Teile Europas beschießen.

Fazit: Im Konflikt mit den USA bevorzugt der Iran einen asymmetrischen Krieg. Erste militärische Scharmützel, verbale Provokationen sowie der Bau einer iranischen Atombombe könnten aber auch zum offenen Krieg mit verheerenden Folgen führen.

Mit einem Nein lässt sich diese Frage sicherlich nicht beantworten, hat doch der saudische Kronprinz Mohammed bin Salman selbst 2016 öffentlich eingestanden, dass das Königreich etwas gegen seine extremistischen Geistlichen unternehmen müsse. Es sei an der Zeit, zum »moderaten Islam« zurückzukehren. »Wir werden die extremistischen Ideen zerstören«, verkündete der Prinz sehr zum Gefallen westlicher Politiker, die schon seit Langem fordern, dass die schwerreichen Saudis ihre erzkonservative Form des Islam, den Wahhabismus, abschwächen. Denn von dieser Variante hin zum terroristischen Dschihadismus scheint es nur ein kleiner Schritt. 15 der 19 Attentäter des 11. September waren saudische Staatsbürger. Angehörige der Opfer klagen noch immer vor Gericht gegen den saudischen Staat, da sie vermuten, dass er in die Anschläge verstrickt sein könnte.

Fest steht, dass die Attentäter in einem geistigen Umfeld aufgewachsen sind, das vor Intoleranz gegenüber Andersgläubigen, die den einzig wahren Islam ablehnen, nur so strotzt. Der Begründer des Wahhabismus, Mohammed ibn Abd al-Wahhab (1703–1792), trat für die unbedingte Reinheit des Glaubens ein. Neuerungen (arabisch »bidaa«) sollten im Islam unterbleiben, die islamische Rechtsordnung, die Scharia, hatte seiner Meinung nach weltweite Gültigkeit. Christen und Juden waren nur sicher, wenn sie eine Kopfsteuer zahlten. Muslime, die nicht nach der reinen Lehre leben wollten, konnten von Islamgelehrten durch das Instrument des »takfir« für ungläubig erklärt werden, worauf man sie bekriegen durfte. Den kriegerischen Dschihad gegen die Ungläubigen bezeichnete er als »die Spitze des Kamelhöckers der Religion«. Einen Ausdruck, den bis heute Dschihadisten in der Region benutzen. Al-Wahhabs utopisches Ziel, die Rückkehr in die Zeiten Mohammeds, ist auch ihres.

Nachdem sich al-Wahhab 1744 mit der Familie Saud verbündet hatte, verbreitete sich seine Ideologie schnell. Dass die Gegner des Wahhabismus als Ungläubige galten, erleichterte den Sauds ihren gnadenlosen Kampf. In ihrem Fanatismus waren sie kaum zu besiegen. Zugleich setzten sie außerhalb der arabischen Halbinsel auf Missionierung. Seit der Staatsgründung Saudi-Arabiens 1932 hat sich die symbiotische Beziehung zwischen dem Hause Saud und den wahhabitischen Islamgelehrten weiterhin verfestigt. Das Königshaus lässt sich seine Herrschaft durch die Geistlichen legitimieren, diese wiederum überwachen über die Religionspolizei die islamische Sittlichkeit des Volkes und kontrollieren das Bildungssystem.

Nachdem die Islamische Revolution 1979 im Iran ein schiitisches Gegenmodell zum Wahhabismus hervorbrachte, versuchen die Saudis verstärkt, mithilfe ihrer Ölmilliarden den sunnitischen Wahhabismus in der Region und darüber hinaus zu verbreiten. Über saudische Wohltätigkeitsorganisationen wie die Al Wafa Humanitarian Foundation wurde der Kampf der strengreligiösen Mudschaheddin in den Achtzigerjahren gegen die Kommunisten in Afghanistan mit schätzungsweise 4 Milliarden Dollar gefördert. Viele Saudis kämpften Seite an Seite mit den Afghanen den Dschihad. Nach dem Sturz Saddam Husseins unterstützten die Saudis al-Qaida im Irak, um die Macht der Schiiten einzudämmen. Im syrischen Bürgerkrieg unterstützte Saudi-Arabien die radikale al-Nusra-Front mit Waffen und Geld, um die Allianz zwischen dem Assad-Regime und dem Iran zu schwächen.

Eine Studie des britischen Thinktanks Henry Jackson Society kommt zu dem Schluss, dass Saudi-Arabien den weltweiten Wahhabismus-Export in den vergangenen 30 Jahren mit mindestens 67 Milliarden Pfund vorangetrieben hat. Die Gelder flossen über Stiftungen an Schulen, Moscheen und Islamverbände, um den rigiden Islam zu verbreiten. Viele Europäer, wie der deutsche salafistische Prediger Pierre Vogel, studierten in Saudi-Arabien und kehrten mit radikalen Ansichten in ihr Heimatland zurück. Dem Zentralrat der Muslime in Deutschland (ZMD) werden »unheilvolle« Verbindungen zu saudischen Stiftungen nachgesagt, beispielsweise der World Assembly of Muslim Youth (WAMY). Diese propagiert den Dschihad gegen die Ungläubigen und soll durch Spendengelder Hamas und al-Qaida finanziert haben.

Inzwischen sind sich aber auch die Sauds bewusst, dass sich ein radikaler Islam leicht gegen sie wenden kann. So gibt es Deradikalisierungsprojekte für Islamisten im Königreich. Als Zeichen der Liberalisierung darf auch gewertet werden, dass saudische Frauen inzwischen Autos lenken und westliche Touristen einreisen dürfen. Aber ist deshalb das intolerante Gedankengut gegenüber Andersgläubigen verschwunden? Suhaila Zain al-Abidin Hamad, die Tochter eines saudischen Imams, kritisiert offen die neuen Schulbücher im Königreich. Denn hier fand sie eine äußerst problematische Überlieferung des Propheten: Er selbst soll gesagt haben, dass ihm befohlen sei, gegen alle Menschen zu kämpfen, bis sie den Islam annehmen, regelkonform beten und sich der Scharia unterwerfen. Auch IS-Kämpfer berufen sich auf diese Überlieferung. Dass Hamad das Entfernen eines solchen Hadith (Überlieferung) fordert, obwohl es auch orthodoxen Islamgelehrten als authentisch gilt, zeigt, dass sich tatsächlich etwas geändert hat im Königreich.

Fazit: Das saudische Königreich hat jahrzehntelang den

Wahhabismus, eine radikale Form des Islam, die Andersgläubige schmäht, weltweit propagiert. Inzwischen unternehmen die Sauds aber erste Schritte, um zu einem moderaten Islam zu gelangen.

26

Sind die Saudis unsere Freunde, obwohl sie massiv die Menschenrechte verletzen?

Amnesty International kommt in seinem Report 2017/2018 zur Lage der Menschenrechte in Saudi-Arabien zu einem wenig schmeichelhaften Ergebnis: stark eingeschränkte Meinungsfreiheit, hohe Gefängnisstrafen für Regimekritiker, Hinrichtungen von schiitischen Aktivisten, unfaire Gerichtsverhandlungen und willkürliche Verhaftungen. Sowie ein Antiterrorgesetz, das Menschenrechtler gefährdet, und Todesstrafen für Hexerei oder Ehebruch. Bis 2019 durften Frauen ohne die Erlaubnis eines männlichen Vormunds weder studieren noch eine Arbeit aufnehmen, reisen oder heiraten. Ein UN-Bericht geht sogar davon aus, dass 15 hohe saudische Staatsbedienstete hinter dem Mord am kritischen *Washington Post*-Kommentator Jamal Khashoggi stecken. Der Exil-Saudi wurde 2018 in der saudischen Botschaft in Istanbul grausam gemeuchelt. Auch Kronprinz Salman wird verdächtigt, in den Fall verwickelt zu sein.

Dass bereits das Äußern der eigenen Meinung in Saudi-Arabien lebensgefährlich sein kann, zeigt auch der Fall des saudischen Bloggers Raif Badawi. Er sitzt seit 2013 eine zehnjährige Haftstrafe ab und wurde zu 1000 lebensbedrohlichen Peitschenhieben verurteilt, da er im Internet für ein liberales Saudi-Arabien eintrat und Muslime, Christen, Juden und Atheisten als gleichwertig bezeichnete.

Alle öffentliche Empörung über Menschenrechtsverletzungen hinderte US-Präsident Trump jedoch nicht daran, sich freudestrahlend mit Kronprinz Salman zu präsentieren und »Jobs, Jobs, Jobs« zu jubilieren, da man in Zukunft für 110 Milliarden Dollar US-Waffen an den Wüstenstaat verkaufen will. Deutschland hatte sich dagegen laut Koalitionsvertrag verpflichtet, keine Waffen mehr an Länder zu liefern, die wie Saudi-Arabien am Jemen-Krieg beteiligt sind. Erst nach dem Mord an Khashoggi machten die Deutschen ernst. Zuvor wurden laut Bundeswirtschaftsministerium 2018 noch Genehmigungen für Rüstungsexporte in Höhe von 416 Millionen Euro erteilt. Damit war der Wüstenstaat zweitgrößter Importeur deutscher Waffen hinter Algerien.

Stehen die guten Geschäfte mit den saudischen Herrschern also über allen ethischen Bedenken? Werden hier die Menschenrechte einfach verkauft? Das deutsche Auswärtige Amt betont, dass mit Saudi-Arabien seit Jahrzehnten ein Freundschaftsvertrag existiere, das Königreich zweitwichtigster arabischer Handelspartner nach den Vereinigten Arabischen Emiraten und Deutschland viertgrößter Lieferant von Waren für die Saudis sei. Auch die Menschenrechtsverletzungen werden erwähnt. Nur, sobald deutsche Politiker diese öffentlich monieren, müssen sie erschreckt feststellen, dass die Freundschaft äußerst fragil ist. Als Außenminister Gabriel es wagte, die Saudis zu kritisieren, zogen diese sofort ihren Botschafter aus Berlin ab, und die deutsche Wirtschaft klagte über schwindende Aufträge aus dem steinreichen Ölstaat. Aber darf deshalb ganz geschwiegen werden?

Der erfahrene Saudi-Arabien-Experte Guido Steinberg empfiehlt zu Recht eine doppelte Strategie in der Zusammenarbeit mit dem Wüstenstaat: Einerseits sollten enge Bande in »sicherheits- und regionalpolitischen Fragen« die Stabilität der Region sowie des Königreichs selbst gewährleisten. Schließlich steht die weltweite Ölversorgung auf dem Spiel. Waffenlieferungen scheinen dann legitim, wenn die Saudis diese zur Verteidigung ihres Landes einsetzen, aber nicht gegen Oppositionelle oder im Jemen-Krieg. Im Gegenzug könnten westliche Regierungen Informationen über dschihadistische Terrorgruppen erhalten, über die saudische Geheimdienste verfügen. Die USA finden in Saudi-Arabien zudem einen der wenigen arabischen Staaten, die Israel gegenüber aufgeschlossen sind.

Andererseits sollte der Westen aber eine Kehrtwende vollziehen, wenn es sich um die Staatsdoktrin des Wahhabismus handelt. Hier ist offene Kritik angebracht. Das radikal-islamische Gedankengut dient dschihadistischen Gruppen zur Legitimierung ihrer Gewalt und führt zur Missachtung und Verletzung der Menschenrechte. Dass Kritik am Wahhabismus möglicherweise auch wirtschaftliche Folgen für den Westen hat, darf nicht zum Schweigen führen. Im Fall des Bloggers Badawi konnte das Publikmachen seiner Leiden ihm zwar nicht die Haft ersparen, aber von den 1000 vielleicht tödlichen Peitschenhieben musste er bis dato aufgrund der Medienpräsenz nur 50 erdulden.

Fazit: Trotz massiver Menschenrechtsverletzungen sollten die USA und Europa weiterhin enge Bande zu den Saudis pflegen. Dabei gilt es aber, die Missstände nicht stillschweigend zu erdulden, sondern stets aufs Neue anzuprangern.

27

Ist der Westen nur an den Ölvorräten im Nahen Osten interessiert?

Schon 1980 ließ US-Präsident Carter keinen Zweifel aufkommen, wie wichtig das Öl im Nahen Osten ist. Allein die Tatsache, dass sowjetische Truppen in Afghanistan unweit der Straße von Hormus am Persischen Golf kämpften, veranlasste ihn zur berühmten Carter-Doktrin. Unmissverständlich drohte er: »Jeder Versuch fremder Mächte, die Kontrolle über den Persischen Golf zu erlangen, wird als ein Angriff auf die lebenswichtigen Interessen der USA betrachtet. So ein Angriff wird mit allen möglichen Mitteln abgewehrt, auch mit militärischer Gewalt.«

Als zehn Jahre später Iraks Diktator Saddam Hussein das ölreiche Kuwait überfiel, reagierte der UN-Sicherheitsrat mit der Resolution 678 überraschend schnell. 35 Länder, angeführt von US-Truppen, befreiten nicht nur die Kuwaitis von den irakischen Aggressoren, sondern auch die reichen Erdölvorkommen vom Zugriff des unberechenbaren Despoten.

Bis heute sind hochrangige Militärs und Politiker der Meinung, dass auch die US-Invasion im Irak 2003 nie den Massenvernichtungswaffen oder der Implementierung der Demokratie in der Region galt, sondern in Wahrheit dem schwarzen Gold. 2007 ließ der spätere US-Verteidigungsminister Chuck Hagel scheinbar keine Zweifel aufkommen: »Die Menschen sagen, wir kämpfen nicht für Öl. Natürlich tun wir das.« Tatsächlich konnten nach dem Sturz Saddams die Ölmultis des Westens, wie Shell, BP, Halliburton oder ExxonMobil, auf dem bis dahin für sie abgeriegelten Markt Fuß fassen.

Der Ökonom und Nobelpreisträger Gary S. Becker widersprach jedoch: »Wäre Öl die treibende Kraft für die Bush-Regierung gewesen, dann wäre es die beste Politik gewesen, einen Krieg zu vermeiden.« Denn Saddam soll den USA kurz vor der Invasion für sein politisches Überleben im Gegenzug den Zugang zum irakischen Öl offeriert haben. Ein Krieg mit all seinen Unwägbarkeiten – wie beispielsweise brennende Ölfelder – schien die schlechtere Variante zu sein.

Ölkriege bergen für westliche Industrieländer stets das Risiko, dass Öllieferungen ausbleiben und die Preise pro Fass in astronomische Höhen schnellen. Wichtiger als die Eroberung von Ölfeldern scheinen der Zugang westlicher Ölfirmen zu den Förderfeldern im Nahen Osten und die Garantie, dass das Öl von dort ungehindert fließen kann. Denn nach wie vor kommt der Schmierstoff für die Weltwirtschaft zu großen Teilen von dort. Laut OPEC entfallen auf Saudi-Arabien allein ca. 22 Prozent der weltweiten Ölvorräte, auf den Iran 13 Prozent, den Irak 12 Prozent und Kuwait sowie die Vereinigten Arabischen Emirate jeweils 8 Prozent – zusammen also fast zwei Drittel der gesamten Weltvorräte.

Dank der fragwürdigen Fracking-Methode fördern die USA inzwischen zwar mehr Erdöl als Saudi-Arabien, doch die Abhängigkeit von den Golfstaaten bleibt, da die USA aufgrund ihres enormen Verbrauchs bis auf Weiteres Öl einführen müssen. Besonders Saudi-Arabien muss umhegt werden, denn der Staat ist mit 10 Prozent der benötigten Einfuhren immer noch zweitgrößter Rohöllieferant der USA. Zudem können die Saudis Engpässe auf dem Weltmarkt schnell ausgleichen und so für niedrige Preise sorgen. Auch das US-Embargo gegen iranisches Öl kann nur dann aufrechterhalten werden, wenn Saudi-Arabien und die anderen Golfstaaten die fehlenden Fördermengen auf dem Weltmarkt ersetzen.

Und auch die EU ist durchaus noch in den Händen der Ölländer des Nahen Ostens. Diese lieferten laut EU-Kommission 2018 etwa 30 Prozent des benötigten Rohöls an die 28 Mitglieder. Deutschland war allerdings weit weniger abhängig vom Nahost-Öl, da nur ca. 12 Prozent des importierten Öls aus der Region stammen, der größte Anteil aus Libyen. Saudi-Arabien lieferte nur ca. 1,5 Prozent.

Dennoch: Bis heute setzen die westlichen Länder bei ihren Ölgeschäften auf die autokratischen Regime in der Region, in der Hoffnung, dass diese eine sichere Versorgung und gute Preise garantieren. Doch die Revolten des Arabischen Frühlings haben gezeigt: Möglicherweise setzen sie hier aufs falsche Pferd.

Die Abhängigkeit westlicher Länder von den größten Erdölproduzenten im Nahen Osten wird noch lange bestehen bleiben, doch die Wirtschaftsbande können im Umkehrschluss auch dazu genutzt werden, die ölreichen Staaten zur politischen Öffnung zu bewegen. Auch Ölimporteure besitzen schließlich eine Verhandlungsmacht.

Fazit: Der Westen hängt nach wie vor am Öltropf der Scheichs. Als guter Kunde kann er aber auch weitaus stärker als bisher auf eine politische Liberalisierung der Golfstaaten drängen.

28

Auf den ersten Blick sehen die Zahlen gar nicht schlecht aus. Die Weltbank meldete für den Nahen Osten (einschließlich Nordafrika) für das Jahr 2018 ein stabiles Wirtschaftswachstum. Das Bruttoinlandsprodukt (BIP) stieg um 1,7 Prozent. Reformen und ein steigender Ölpreis seien die Grundlage. Auch das durchschnittliche jährliche BIP pro Kopf einiger arabischer Länder überzeugt: Während es in Deutschland 2018 bei 48.000 Dollar lag, war Katar mit 70.000 Dollar pro Kopf weit voraus, in den Vereinigten Arabischen Emiraten lag es bei 40.000 Dollar, in Kuwait bei 30.000 Dollar und in Saudi-Arabien bei 24.000 Dollar.

Allerdings wandelt sich das Bild schlagartig, fällt der Blick auf einige arabische Länder mit weniger Öl. Jordanier kommen jährlich nur auf knapp über 4000 Dollar pro Kopf, Jemeniten gar nur auf knapp 900 Dollar. Kein Zweifel: Je nach Ölreichtum ist der Wohlstand im Nahen Osten sehr ungleich verteilt.

Allerdings weisen auch einige Länder ohne nennenswerte Ölvorkommen, wie Ägypten, Marokko oder Tunesien, beachtliche Wachstumsraten beim BIP auf. Immerhin liegen sie hier zwischen 3 und 5 Prozent pro Jahr, wie die Weltbank meldete. Nur dass der ökonomische Fortschritt leider nicht mit dem rasanten Bevölkerungswachstum in der Region Schritt halten kann. Waren 1970 etwa 140 Millionen Menschen laut Weltbank im Nahen Osten und Nordafrika zu Hause, stieg die Zahl 2019 bereits auf 450 Millionen, und 2030 werden es voraussichtlich sogar 540 Millionen sein. Schätzungsweise bis zu fünf Millionen Menschen drängen pro Jahr zusätzlich auf den Arbeitsmarkt. Besonders junge Arbeitnehmer suchen verzweifelt nach Jobs, die ihnen die Wirtschaft nicht bieten kann. In den palästinensischen Autonomiegebieten vermeldet die UN 2018 eine Jugendarbeitslosigkeit von 42 Prozent! Nur zu leicht können solche Zustände neue Unruhen, Gewalt und Terror auslösen.

Um mehr Jobs als bisher zu schaffen, müssten sich die wirtschaftlichen Voraussetzungen in der Region grundlegend ändern. Ökonomen fordern eine Stärkung der darbenden Privatwirtschaft, denn kleine und mittelständische Firmen sind weltweit der Job- und Wachstumsmotor der Volkswirtschaften. Doch historisch bedingt steht der Staat in den arabischen Ländern im Zentrum. Er reguliert und blockiert mit überbordender Bürokratie die Wirtschaft, ist oft selbst Teilhaber an Unternehmen und bietet zuhauf Arbeitsplätze im aufgeblähten öffentlichen Dienst – in Ägypten etwa, wenn man die Landwirtschaft außen vor lässt, gleich 70 Prozent aller Arbeitsplätze. Unabhängige Unternehmer haben es dagegen schwer im Nahen Osten. Sie klagen laut einer Studie der European Bank for Reconstruction and Development vor allem über vier Dinge: Korruption, politische Instabilität, schlechte Energieversorgung und einen mangelhaften Zugang zu Krediten.

Die Folge: Die meisten arabischen Volkswirtschaften sind kaum in der Lage, mit ihren Waren auf dem Weltmarkt zu konkurrieren. Abgesehen von den Golfstaaten finden sich die meisten Beschäftigten nach wie vor in der Landwirtschaft, die aufgrund des Klimawandels zukünftig weniger erwirtschaften dürfte. Wichtige Devisen bringt dagegen der Tourismussektor, nur bleiben regelmäßig die Gäste aus, wenn es im Nahen Osten zu Gewaltausbrüchen kommt. Dringend benötigte ausländische Investitionen erreichten während der Aufstände des Arabischen Frühlings ihren Tiefststand.

Doch auch ein allgemeines Wachstum der arabischen Volkswirtschaften wird nur dann zur Stabilisierung der Länder führen, wenn die Früchte des Wirtschaftswachstums beim Einzelnen ankommen. Ein Report des Instituts der Europäischen Union für Sicherheitsstudien (EUISS) belegt, dass viele Araber vom Wohlstand abgekoppelt sind. In der Region besitzen 10 Prozent der Einwohner 64 Prozent des Vermögens, 10 Prozent der Westeuropäer dagegen nur 37 Prozent. Die ungleiche Verteilung birgt die permanente Gefahr neuer Revolten.

Aber wird nicht wenigstens der Ölreichtum in den Golfstaaten für Wohlstand und Stabilität sorgen? Nicht unbedingt, denn paradoxerweise verhindert gerade das Öl ein gesundes Wachstum. Ökonomen bezeichnen dies als »Dutch disease«. In den Sechzigerjahren führten holländische Erdgasfunde schnell zur Aufwertung des holländischen Guldens. Exportgüter verteuerten sich, der produzierende Industriesektor schrumpfte. Tatsächlich ist es den ölreichen Golfstaaten bis heute trotz vieler Versprechen nicht gelungen, ihre Wirtschaften zu diversifizieren. Ihre Haushalte speisen sich zu großen Teilen aus den Öleinkünften. Sinken die Ölpreise auf dem Weltmarkt, geraten diese schnell in Schieflage. Dringende Investitionen in die Infrastruktur unterbleiben, ein Abfedern der Verluste ist kaum möglich, da andere Einnahmequellen fehlen.

Fazit: Die Volkswirtschaften des Nahen Ostens müssen enorm wachsen, um Arbeitsplätze für ein Heer junger Arbeitnehmer zu schaffen. Gelingt dies nicht, drohen – verschärft durch das ungleich verteilte Vermögen – neue Revolten und Flüchtlingsströme.

29

Kann Bildung die Probleme im Nahen Osten lösen?

Der Nahe Osten ist weltweit die Region mit der größten Jugendarbeitslosigkeit. Ein trauriger Rekord. Aber wo liegen die Ursachen? Herrscht ein Mangel an Bildung? Nicht unbedingt. Das Berlin-Institut für Bevölkerung und Entwicklung beschreibt in einer Studie paradoxe Zustände: »In Ägypten oder Tunesien steigt absurderweise die Wahrscheinlichkeit, arbeitslos zu werden, mit zunehmendem Bildungsstand, während die Geringqualifizierten überwiegend in schlecht bezahlten Jobs mit niedriger Produktivität und ohne soziale Absicherung tätig sind.«

Hat in anderen Weltregionen eine Bildungsoffensive zum wirtschaftlichen Aufschwung, zu mehr Arbeitsplätzen und politischer Stabilität geführt, scheint dieser Weg Konflikte und Unruhen in den arabischen Ländern zu fördern. Nur warum? »Bei besser gebildeten Menschen mag das stärkere Bewusstsein für Ungerechtigkeiten und politischen Ausschluss zur offenen Rebellion führen«, schlussfolgern die Autoren des Arab Human Development Reports 2018.

Sollte man im Nahen Osten also lieber ganz auf eine Bildungsoffensive verzichten? Sicherlich nicht. Es geht darum, die Qualität der Ausbildung zu verbessern. Immer mehr Menschen in der Region haben zwar Universitätsabschlüsse, aber Studenten schneiden im internationalen Vergleich in Naturwissenschaften, im Lesen oder in Mathematik regelmäßig unterdurchschnittlich ab. Mehr als ein Drittel der Arbeitgeber in der Region gaben an, dass unzureichende Fähigkeiten wiederum das wirtschaftliche Wachstum hemmen würden. »Trotz steigender Akademikerquoten fehlen Fachkräfte mit wirtschaftsrelevanten Qualifikationen, weil sich die meisten Studierenden für Fächer entscheiden, die ihnen den Eintritt in den Staatsdienst ermöglichen«, beschreiben Autoren des Berlin-Instituts die Fehlentwicklung. Moderne Lehrpläne, die die Absolventen auf die Anforderungen der Privatwirtschaft vorbereiten, sollten stattdessen das Ziel sein. Ein verändertes Bildungssystem fordern ebenso Experten der Weltbank. Fähigkeiten und nicht akademische Titel sollten im Vordergrund stehen, ebenso das kritisch-analytische Denken statt des häufig praktizierten Auswendiglernens. Studenten und Schüler sollten so auf die Bedürfnisse einer modernen Welt vorbereitet werden und nicht nur der Tradition verhaftet bleiben.

Doch gerade religiöse Kreise widersetzen sich einer Ausrichtung auf die Moderne, da sie dies mit einem Verrat an islamischen Werten gleichsetzen. Schon in der Schule wird oft überproportional viel Zeit auf den Religionsunterricht verwendet: im Jemen 28 Prozent der Schulzeit in der ersten Klasse, in Saudi-Arabien 18 Prozent, im Irak 15 Prozent. Zeit, die für Mathematik und Naturwissenschaften fehlt. Geplante Änderungen der Schulbücher stießen auf heftigen Widerstand in Jordanien und Kuwait. Dabei hemmen die Lehrmaterialien nicht nur den Lernfortschritt, häufig fördern sie auch radikales oder intolerantes Gedankengut. So propagieren die neuen palästinensischen Schulbücher den Kampf gegen Israel, wie das israelische Institut IMPACT-se bei einer Untersuchung feststellte. Friedliche Lösungen werden ausgeblendet, stattdessen Kinder dazu angetrieben, »ihr Leben als Märtyrer« hinzugeben. Auch die üblichen Belohnungen im Paradies »einschließlich der Jungfrauen« werden genannt. Märtyrertum und Dschihad werden schon Fünftklässlern als »wichtigster Sinn des Lebens« angepriesen. Auch aktuelle Schulbücher aus Katar lassen den Verteidigungsdschihad mit Verweis auf den Koran hochleben. Schüler der neunten Klasse lernen hier, dass demjenigen sein Leben und Eigentum genommen werden darf, der neben Allah einem andern Gott huldige. In der elften Klasse erfahren sie, dass der Säkularismus des Westens abzulehnen sei, da er die Muslime von ihrem Glauben entfremde und die Familie zerstöre. Wer Ungläubige liebe und ihren Glauben als wahr erachte, soll aus dem Islam ausgestoßen werden.

Der deutsche ARD-Journalist Constantin Schreiber durchforstete iranische Lehrbücher und war erstaunt, dass der Westen oft als »Weltenfresser« bezeichnet wurde. Saudi-Arabien, das Mutterland des Islam, versprach nach dem 11. September neue friedfertige Lehrmaterialien, doch noch immer finden sich Diffamierungen: Das Christentum sei »pervertiert«, Ungläubige müssten im Dschihad bekämpft werden, Muslime dürften ohne legitime Gründe nicht im Land der Ungläubigen leben, aber ihre Frauen als disziplinarische Maßnahme schlagen. Für Homosexualität und Abfall vom Glauben wird die Todesstrafe gefordert.

Bildung im Sinne antiwestlicher Kampfparolen sowie der Herabwürdigung Andersgläubiger kann die Konflikte im Nahen Osten nur verschärfen. Von den intoleranten Botschaften für Kinderhirne hin zu dschihadistischen Terrorakten gegen Ungläubige ist es nicht weit. Dass es auch anders geht, zeigt der Fall Jordanien. Hier schlagen neue Schulbücher einen ganz anderen Ton an: Toleranz gegenüber Andersgläubigen wird gepredigt und islamistischer Terror klar verurteilt. Auch das unheilvolle Konzept des Dschihad wird zumindest teilweise infrage gestellt.

Fazit: Bildung kann die Probleme des Nahen Ostens nur dann lösen, wenn sie kein radikal-islamisches Gedankengut verbreitet und stattdessen Qualifikationen vermittelt, die in einer globalisierten Welt vonnöten sind.

»Aber sicherlich!«, würden Rechtspopulisten antworten. Vertreter der Linken dagegen wohl eher: »Alles halb so wild.« Wie zumeist liegt die Wahrheit in der Mitte: Natürlich verläuft die Einwanderung nach Europa nicht konfliktfrei, die Probleme müssen aber nicht gleich zum Kampf der Kulturen führen.

Kriege und politische Verfolgungen zwingen vor allem Menschen aus dem Nahen Osten zur Flucht. Allein im Jahr 2018 beantragten laut Bundesamt für Migration und Flüchtlinge (BAMF) rund 165.000 Flüchtlinge Asyl in Deutschland. Insgesamt waren 61 Prozent der Geflohenen Muslime. Die meisten Flüchtlinge kamen aus Syrien (27 Prozent), 10 Prozent aus dem Irak, 7 Prozent aus dem Iran, 6 Prozent aus der Türkei.

Der Arabische Frühling mit seinen Unruhen und Bürgerkriegen ließ die Asylanträge rasant in die Höhe schnellen: bis auf 720.000 im Jahr 2016. Inzwischen sind die Zahlen stark rückläufig, aber von den elf Millionen Ausländern, die in Deutschland leben, waren laut Ausländerzentralregister ca. 1,8 Millionen Schutzsuchende. Einige werden in ihre Heimatländer zurückkehren, einige sich hier integrieren, andere wiederum versuchen, die Werte aus den Heimatländern hier zu etablieren.

Das weckt Ängste, wie eine Ipsos-Umfrage zeigt. Die Hälfte der Deutschen befürchtet, dass die Zuwanderung »einen negativen Einfluss hat«. Dass sich Flüchtlinge erfolgreich integrieren, glauben nur 38 Prozent der Deutschen. Kommt die Religion ins Spiel, fürchtet jeder zweite Deutsche, dass der Glaube der Schutzsuchenden Konflikte mit sich bringen könnte, wie die Antidiskriminierungsstelle des Bundes 2016 ermittelte. Ein Drittel der Befragten gab offen zu, ein negatives Bild von Muslimen zu haben.

Der Islam verunsichert anscheinend auch Menschen aus der Mitte der Gesellschaft. Mehr als 50 Prozent der Deutschen empfinden ihn als »effektive Bedrohung«. Sind wir mehrheitlich islamophob? Natürlich wird die Gefahr des Islamismus gerade im rechten Lager übertrieben dargestellt, sie aber gänzlich zu leugnen hieße blind zu sein. Denn der radikale Islam und seine Terroranschläge existieren. Der tunesische Attentäter Anis Amri zum Beispiel tötete auf dem Berliner Weihnachtsmarkt 2016 zwölf Menschen. Er war als Flüchtling über Italien eingereist.

Die Gefahr von weiteren Anschlägen ist real. Laut einer Anfrage der Linken an die Bundesregierung informierte das BAMF 2017 den Verfassungsschutz über etwa 10.500 Asylsuchende, die eine Straftat im Land planen könnten, 2015 waren es nur 571 Fälle. Der Verfassungsschutz geht davon aus, dass von 1000 Islamisten, die Deutschland verließen, um in Syrien und dem Irak den IS zu unterstützen, inzwischen etwa ein Drittel wieder zurückgekehrt ist. 110 Heimkehrer hatten sich direkt an Kämpfen beteiligt. Insgesamt schätzen die Verfassungsschützer, dass ca. 26.000 Islamisten in Deutschland leben, die die deutsche Verfassung nicht anerkennen. Aber sind deswegen gleich alle muslimischen Flüchtlinge Gefährder? Nein, das wäre tatsächlich islamophob. In der Regel suchen sie in Deutschland selbst Sicherheit vor Gewalt und ein besseres Leben.

Konflikte können sich aber bei der Integration ergeben, wenn Flüchtlinge Traditionen oder Werte des Islam leben wollen, die mit deutschen Gesetzen nicht vereinbar sind.

Verstehen sie ihren Glauben als Gesetzesreligion, der eine Umsetzung des islamischen Rechts, der Scharia, erfordert, sind ernsthafte Friktionen vorprogrammiert. Denn Benachteiligungen von Frauen im Erbrecht, harte Bestrafungen bei außerehelichem Geschlechtsverkehr, dem Abfall vom Glauben oder Homosexualität, das Verbot für Muslimas, einen Christen zu heiraten, strenge Verhüllungsvorschriften für Muslimas sowie das Recht auf Verteidigung des Islam mithilfe des Dschihads widersprechen eklatant deutschen Gesetzen. Ebenso die traditionelle arabische Auffassung von Familienehre, die sich auch über die Keuschheit der Töchter definiert und bei außerehelichem Geschlechtsverkehr regelmäßig zu Ehrenmorden führt.

Eine Schülerbefragung in Nordrhein-Westfalen 2015 durch das Bundesfamilienministerium zeigte, dass muslimische Jugendliche immer noch problematische Auffassungen bezüglich der Religion haben. 27 Prozent stellten die Scharia über die deutschen Gesetze. 37 Prozent waren der Ansicht, dass alle Religionen weniger wert seien als der Islam. 30 Prozent konnten sich vorstellen, für den Islam zu kämpfen.

Sind muslimische Flüchtlinge dagegen bereit, deutsche Gesetze über die Gebote des Islam und die Traditionen zu stellen, dürfte einer Integration nichts im Wege stehen. Die Gleichheit vor dem deutschen Grundgesetz kann ein »Wirgefühl« erschaffen. Der deutsche Staat muss aber mehr zur Integration beisteuern als Sprachkenntnisse. Stattdessen gilt es, die Werte einer freiheitlichen Demokratie als das zu verkaufen, was sie sind: als Gewinn. Denn Flüchtlinge aus dem Nahen Osten haben zumeist nie erfahren, dass tatsächlich das Volk herrschen kann, dass offene Kritik an den Herrschenden nicht das eigene Leben gefährdet, dass Rechtsstaatlichkeit nicht nur ein Wort ist, dass der Staat Verantwortung übernimmt für die sozial Schwachen.

Radikalen Islamverbänden und Moschee-Imamen die Integration der Neuankömmlinge zu überlassen wäre ein Kardinalfehler. Die Konflikte des Nahen Ostens werden so nach Deutschland transferiert: Intoleranz gegenüber Andersgläubigen, besonders gegenüber Juden, ein Nebeneinander der konfessionellen und ethnischen Gruppen und kein Miteinander. Der Nahe Osten ist dann wirklich nah.

Fazit: Stellen muslimische Flüchtlinge die Gebote und Verbote ihres Glaubens über deutsche Gesetze, drohen ernsthafte Konflikte. Wird das Grundgesetz dagegen als gemeinsames Gesetz anerkannt, kann Integration jederzeit gelingen.

31

Eigentlich scheint die Antwort klar. Staaten sollten die Souveränität anderer Staaten respektieren und Eingriffe in deren innere Angelegenheiten unterlassen. Dies besagt schon die UN-Charta von 1945. Also darf es keine Interventionen geben? Jein. Denn der UN-Sicherheitsrat kann, »um den Weltfrieden und die internationale Sicherheit zu wahren oder wiederherzustellen« (UN-Charta Kap. VII), auch militärische Maßnahmen gegen Aggressoren anordnen. Hinzu kommt das Konzept der Schutzverantwortung (»Responsibility to Protect«), das in das Abschlussdokument des UN-Weltgipfels im Jahr 2005 aufgenommen wurde. Kommen Staaten nicht dem Schutz ihrer Bürger nach, kann bei Genozid, ethnischen Säuberungen oder sonstigen schweren Menschenrechtsverletzungen der Sicherheitsrat ebenfalls militärische Interventionen zum Schutz anordnen.

So verhängte die UN 2011 ein Flugverbot über Libyen (Resolution 1973), um die Zivilbevölkerung vor den Angriffen al-Gaddafis zu schützen, der mit brutaler Gewalt versuchte, jegliche Opposition im Land zu zerschlagen. Die NATO-Angriffe richteten sich in der Folge hauptsächlich gegen al-Gaddafis Truppen, die Rebellen konnten den Sieg davontragen. Die Militärintervention blieb umstritten. Frankreich und Großbritannien hatten sich an Kampfhandlungen beteiligt, Deutschland nicht.

Als die USA und Großbritannien mit einer »Koalition der Willigen« 2003 im Irak einmarschierten, deuteten sie die UN-

Resolution 1441 als Mandat für die Invasion. Saddam Hussein sei nicht der Kontrolle und Vernichtung seiner angeblichen Massenvernichtungswaffen nachgekommen, hieß es. Auch hier kam es zum Regimewechsel. Ein tatsächliches UN-Mandat für die Militäroperation hatte es nie gegeben. Deutschland verweigerte auch hier seine militärische Beteiligung.

Im syrischen Bürgerkrieg griffen zugleich mehrere Länder ein, um den Ausgang in ihrem Sinne zu beeinflussen. Obwohl ein UN-Mandat fehlte – Russland und China stellten sich dagegen –, beteiligte sich Deutschland mit Aufklärungsflügen an den Militäraktionen der US-geführten »Combined Joint Task Force«. Die internationalen Truppen flogen zwischen 2014 und 2019 ca. 34.000 Luftangriffe in Syrien und im Irak, um den IS und al-Qaida zu schwächen. 1200 Zivilisten kamen dabei ums Leben. Auf mutmaßliche Giftgasangriffe des Assad-Regimes folgten Vergeltungsschläge aus der Luft.

Auch die russische Luftwaffe bombardierte massiv Syrien, allerdings eher, um das Assad-Regime zu stützen. Eine Analyse der Nachrichtenagentur Reuters ergab, dass 80 Prozent der ersten Luftschläge nicht dem IS galten, sondern anderen Rebellen, die für den Sturz al-Assads kämpften. Auch der Iran stärkte massiv al-Assads Macht, indem er Tausende Militärberater und Kampftruppen nach Syrien schickte sowie Zehntausende afghanische Flüchtlinge zur Unterstützung des Diktators anwarb. Al-Assad blieb an der Macht.

Aber waren die militärischen Eingriffe in der Region nun richtig oder falsch? Sicherlich muss je nach Gemengelage unterschieden werden. Als Saddam Hussein Kuwait überfiel, konnte sich die Weltgemeinschaft kaum aus der Verantwortung stehlen und musste militärisch antworten. Aber gilt dasselbe für Bürgerkriege? Auch hier müssen ja laut UN Verbrechen an der Zivilbevölkerung notfalls militärisch verhindert werden. Der erzwungene Sturz al-Gaddafis unter UN-Mandat zeigt, dass das Ziel hehr ist, aber die Ergebnisse oft unbefriedigend. Wenn alle kämpfenden Gruppen, wie im Fall Libyens, die Menschenrechte missachten, wie Amnesty International 2017 anmahnte, ergibt ein militärisch erzwungener Regimewechsel kaum Sinn. Warum sollte mit Gewalt ein brutaler Herrscher wie al-Gaddafi gestürzt werden, damit vielleicht ein noch kriegslüsternerer Warlord an die Macht kommt?

Noch problematischer erscheinen Interventionen, wenn, wie im Fall Syriens, ein UN-Mandat fehlt und verschiedene fremde Mächte für unterschiedliche Seiten Partei ergreifen. Die Parteinahme des Westens und Russlands haben das Leid im Bürgerkriegsland sicherlich nicht verringert. Der Zufluss an Waffen und die Militärkooperation hat Konflikte angeheizt. Letztendlich ging es hier nicht mehr vorrangig um humanitäre Ziele, sondern um die Unterstützung einzelner Kriegsparteien, um eigene nationale Interessen zu verwirklichen: Der Westen wollte die Bedrohung durch den IS reduzieren und die undemokratische Herrschaft al-Assads beenden, Russland den IS besiegen und zugleich über das Assad-Regime mehr Einfluss in der Region gewinnen.

Militärinterventionen mögen kurzfristig zum Sieg einer Partei führen, doch sobald es zu einer Machtverschiebung kommt, drohen neue Auseinandersetzungen. So zogen die US-Truppen 2019 aus dem Norden Syriens teilweise ab und ließen die Kurden schutzlos zurück. Nur wenig später marschierten türkische Truppen ein, um sie zu bekämpfen. Auf Dauer kann keine Militärintervention, sondern nur der Dialog und die Versöhnung zwischen den kämpfenden Gruppen Frieden schaffen.

Fazit: Militärische Interventionen können mit UN-Mandat sinnvoll sein, um Zivilisten zu schützen. Fehlt das Mandat, führen sie oft zu einem kalten Frieden oder heizen sogar die Kämpfe zwischen den Kriegsparteien sogar noch an.

32

Soll Deutschland weiterhin mit Autokraten zusammenarbeiten, um die Region zu befrieden?

Als die Flüchtlinge massenhaft aus dem Nahen Osten nach Europa strömten, verlangte der deutsche Finanzminister Schäuble Anfang 2016 lautstark einen Marshallplan für den Nahen Osten, so wie ihn die USA einst für Deutschland nach dem Zweiten Weltkrieg in die Wege geleitet hatten. Stabilität in einer strategisch wichtigen und energietechnisch noch wichtigeren Region war und bleibt das Ziel deutscher Außenpolitik. Denn Instabilität kann zu Massenflucht, Ausbreitung des radikalen Islam und rapide steigenden Ölpreisen führen.

Lange Zeit galten die autokratischen Regime des Nahen Ostens als Garanten für Stabilität. »Seit Erstarken des islamistischen Terrorismus und der Destabilisierung des Nahen Ostens nach der amerikanischen Invasion des Irak rücken die arabischen Golfstaaten und Saudi-Arabien als mögliche (sicherheits-)politische Partner in den Fokus«, analysieren die Wissenschaftlichen Dienste des Deutschen Bundestags. Auch al-Gaddafi, Mubarak, Saddam Hussein oder Baschar al-Assad wurden von Deutschland hofiert, da sie neben einem Zugang zu Märkten auch Sicherheit vor Islamisten und Terroristen offerierten. Die Zusammenarbeit mit ihren Geheimdiensten erschien essenziell. Dass die Autokraten nebenbei auch noch friedliche Oppositionelle als angebliche Terroristen diffamierten und bekämpften, nahm die deutsche Außenpolitik billigend in Kauf.

Der Arabische Frühling mit dem Erwachen verschiedener gesellschaftlicher Schichten in den arabischen Ländern hat jedoch gezeigt, dass der Kuhhandel so wohl nicht länger funktioniert. Zwar ist es den Potentaten noch einmal gelungen, Unruheherde zu beseitigen und politische Reformen zu blockieren, aber schon der nächste Frühling könnte neue Kräfte an die Macht bringen. Schön wäre es, wenn sie demokratisch wären und die Menschenrechte respektieren würden. Nur, liegt das in unsere Hand?

Für die deutsche Außenpolitik empfiehlt sich eine differenzierte Strategie: Zum einen muss auch weiterhin der Kontakt zu den Autokraten und Monarchen in der Region gepflegt, zum anderen müssen von diesen aber auch politische Reformen gefordert werden, beispielsweise das Zulassen einer echten Opposition, der Aufbau einer Zivilgesellschaft, die Stärkung von Institutionen, Rechtsstaatlichkeit, Meinungsfreiheit und -pluralismus sowie Gewaltenteilung.

Damit die arabischen Eliten einlenken, bedarf es allerdings größerer Anreize als bisher. Zwar fördert die EU im Rahmen der europäischen Nachbarschafts- und Partnerschaftspolitik mit Geldern Projekte in der Region, doch sind die Geldflüsse aus den Golfstaaten um ein Vielfaches größer. Einen Richtungswechsel hin zu mehr Demokratie kann die EU so nicht bewirken. Der deutsche Nahost-Experte Volker Perthes fordert mutigere Impulse. Beispielsweise indem die EU eine Marktöffnung für die Araber in Aussicht stellt, wenn sie sich um echte Reformen bemühen. Dies könne »die Kosten-Nutzen-Kalküle der herrschenden Eliten verändern«.

Darüber hinaus empfiehlt sich für die deutsche Außenpolitik eine weitaus größere Unterstützung demokratischer Kräfte in der Region als bisher. Sicherlich kann die Zusammenarbeit mit Diktatoren nicht gänzlich beendet werden, aber eine deutliche Distanz zu ihnen und zugleich breit gefächerte Kontakte zur Opposition sind wünschenswert, um sich auf das Ende der Regime vorzubereiten. Die Bundesregierung ist inzwischen Transformationspartnerschaften mit Tunesien, Marokko, Libyen, Ägypten, Jordanien, Jemen, Libanon und dem Irak eingegangen, um dort die Zivilgesellschaften zu fördern, die Medien zu stärken, Justiz- und Verwaltungsbehörden zu beraten und eine Modernisierung des Bildungswesens zu erreichen. Allzu offensiv kann die deutsche Außenpolitik die Demokratisierung des Nahen Ostens aber nicht vorantreiben. So attackierte Ägypten die Konrad-Adenauer-Stiftung (KAS) in Kairo, die versuchte, Demokratie und Rechtsstaatlichkeit am Nil zu fördern. Vom Gericht wurde der Büroleiter 2013 zu fünf Jahren Haft verurteilt. Der KAS-Vorsitzende schrieb darauf: »Zivilgesellschaft ist im neuen Ägypten nicht erwünscht und Ausländer sind es nur dann, wenn sie als Touristen oder Investoren kommen. Auf die Förderung von Demokratie und Rechtsstaatlichkeit steht Gefängnis.« Erst 2018 sprach ein Berufungsgericht den Büroleiter frei.

Fazit: Deutsche Außenpolitiker müssen wohl auch weiterhin mit den Autokraten der Region zusammenarbeiten. Zugleich sollten sie aber auf politische Reformen drängen und die oppositionellen demokratischen Kräfte im Nahen Osten stärken.

33

Ist es ethisch vertretbar, in so einer Krisenregion Urlaub zu machen?

Waren Sie auch schon einmal kurz davor, eine Reise nach Jerusalem zu buchen, um dort endlich die Heiligtümer der Juden, Christen und Muslime stillschweigend zu bewundern? Oder wollten Sie in Ägypten die sagenhaften Pyramiden bestaunen? Oder nur den bunten Fischen im Roten Meer Hallo sagen? Vielleicht haben Sie ja sogar mit dem Iran geliebäugelt und der atemberaubenden Sheikh Lotf Allah Moschee in Isfahan. Doch dann kamen die Zweifel: Die Region ist doch so unsicher, und unterstütze ich mit meinem Geld hier nicht letztendlich die Unrechtsregime des Nahen Ostens?

Ja, es ist nicht von der Hand zu weisen: Der Tourismussektor ist tatsächlich eine wichtige Devisenquelle für die Autokraten der Region, zumindest für diejenigen, denen Öleinnahmen fehlen. Zumeist sind ihre Volkswirtschaften auf dem Weltmarkt nicht wettbewerbsfähig, die Euros der Touristen daher mehr als willkommen. Also dann lieber zu Hause bleiben?

Nein, das wäre der falsche Schritt. Denn Tourismus schafft dringend benötigte Arbeitsplätze im Nahen Osten und bietet zugleich die Chance auf den Dialog der Kulturen. Mit jedem Gespräch, das Sie mit einem Taxifahrer in Kairo führen, einem Wüstenführer in Jordanien oder einem einfachen Zimmerjungen in Tunesien, verändern sich die Bilder in den Köpfen, Feindbilder werden abgebaut. Nutzen Sie die Chance, die arabisch-muslimische Kultur kennenzulernen. »Warum sollte ich das?«, werden Sie sich vielleicht fragen. Na ja, möglicherweise werden Sie schon morgen in Ihrer Firma mit einem Flüchtling aus Syrien oder dem Irak zusammenarbeiten, dann können Sie sein Verhalten einschätzen, sinnlose Ängste und Konflikte besser vermeiden.

Aber Tourismus bietet auch der anderen Seite Chancen. Im Gespräch können auch die Muslime des Nahen Ostens ihre Zerrbilder korrigieren. Häufig stellen radikale Muslime die westliche Welt als materiell reich, aber ohne jegliche moralischen Werte dar. Touristen, die wirklich den Austausch suchen, können unter Beweis stellen, dass sie mehr sind als Devisenbringer. Dass sie Werte verteidigen wie Meinungsfreiheit, Rechtsstaatlichkeit, Demokratie und Toleranz gegenüber Andersgläubigen. Werte, die der krisengeschüttelte Nahe Osten so dringend braucht.

Fazit: Fahren Sie in den Nahen Osten und erkunden Sie eine faszinierende Kultur – natürlich nur, wenn es die Sicherheitslage am Zielort zulässt. Reden Sie mit den Menschen über Politik, Religion, Kultur – auch wenn die Meinungen manchmal weit auseinandergehen –, und pflegen Sie so den Dialog der Kulturen. Dann sind Sie mehr als ein Tourist, vielleicht sogar ein Botschafter des Friedens.

Literatur

Abou-Taam, Marwan: *Die Reden des Osama bin Laden*. Diederichs 2006.

Asseburg, Muriel, Busse, Jan: *Der Nahostkonflikt. Geschichte, Positionen, Perspektiven*. C.H. Beck 2018.

Clarke, Colin P. : *After the Caliphate. The Islamic State and the Future Terrorist Diaspora*. Polity Press 2019.

Cook, David: *Understanding Jihad*. University of California Press 2015.

Eberhardt, Wolfram: *Im Auftrag Allahs. Gläubige, Fanatiker, Terroristen*. Molden 2008.

Gemeinschaftswerk der Evangelischen Publizistik (Hrsg.): *Friedensgutachten 2018: Kriege ohne Ende. Mehr Diplomatie – weniger Rüstungsexporte*.

Inbari, Motti: *Jewish Fundamentalism and the Temple Mount. Who Will Build the Third Temple?* State University of New York Press 2009.

Perthes, Volker: *Das Ende des Nahen Ostens, wie wir ihn kennen*. Suhrkamp 2015.

Salzman, Philip Carl: *Culture and Conflict in the Middle East*. Humanity Books 2008.

Steinberg, Guido: *Saudi-Arabien. Politik, Geschichte, Religion*. C.H. Beck 2014.

Internetquellen

Asseburg, Muriel (Hrsg.): »Proteste, Aufstände und Regimewandel in der arabischen Welt. Akteure, Herausforderungen, Implikationen und Handlungsoptionen«, unter: https://www.swp-berlin. org/fileadmin/contents/products/studien/2011_S27_ass_ks.pdf (abgerufen am 20.11.2019).

Hiltermann, Joost: »The Middle East in Chaos: Of Orders and Borders«, unter: https://www.crisisgroup.org/middle-east-north-africa/middle-east-chaos-orders-and-borders (abgerufen am 10.11.2019).

Lipka, Michael: »Muslims and Islam: Key findings in the U.S. and around the world«, unter: https://www.pewresearch.org/fact-tank/ 2017/08/09/muslims-and-islam-key-findings-in-the-u-s-and-around-the-world/ (abgerufen am 24.11.2019).

Rahman, Natalya: »Democracy in the Middle East and North Africa: Five Years after the Arab Uprisings«, unter: https://www.arabbarometer.org/wp-content/uploads/Democracy_Public-Opinion_Middle-east_North-Africa_2018.pdf (abgerufen am 25.11.2019).

World Bank: »Inequality, Uprisings, and Conflict in the Arab World«, unter: http://documents.worldbank.org/curated/en/30344146799 2017147/pdf/Inequality-uprisings-and-conflict-in-the-Arab-World.pdf (abgerufen am 25.11.2019).

UNDP: »Arab Human Development Report 2016«, unter:
http://www.arab-hdr.org/reports/2016/english/AHDR2016En.pdf (abgerufen am 16.12.2019).